金枪大叔 著

湖南文艺出版社 博集天卷
·长沙·

在自己的山，唱自己的歌

金枪大叔

原名岳华平,广告策划人、导演、"红制作"创始人。

没有读过大学,却成了营销类头部作家;
没有读过电影学院,却成了影视广告业知名的广告导演;
没有花一分钱投流,却成了流媒体现象级的"网红"博主;
没有名师领路,却成了拥有原创传播理论和丰富案例的"策划鬼才"。

不务正业,爱好广泛,奉行"行万里路就是破万卷书",曾在大西洋捕获800磅(约362.88千克)重的金枪鱼,喜欢开着乌尼莫克越野房车四处游历,也曾长期在俄罗斯远东堪察加半岛无人区游猎,自诩为"狗头军师""简配诸葛亮""国产甘道夫""肥胖版邓布利多",灰白长发披肩,浑身流淌着野性不羁的艺术气质(实为不修边幅)。

人称"千年一遇的广告鬼才",打造了两个品牌:一是广告公司"红制作",二是自媒体账号"金枪大叔"。

"红制作",连续九年成为央视春晚黄金时段广告的常客,六年陪跑小米至IPO(首次公开募股),五年陪跑BOSS直聘至纳斯达克,帮助铂爵旅拍、新氧医美、团油、黑白调、Ulike脱毛仪等品牌一战成名。自媒体账号"金枪大叔",自运营,无团队,一个人,一部手机,纯靠创意和内容的自然流量,用丰富的学识和个人魅力,在全网收获了500万粉丝,成为知识博主、创业博主、商业博主心中的精神食粮。

主角,是这个时代最好的特权。

亿万点赞化作重重心流,

取而代之的是平凡的变得珍贵,

渺小的变得伟大,自卑的变得强大,

企业家、亿万富翁,和普通人一起,

都站在了发令枪响之前。

自序

当主角，拿大头

每个人在娘胎里的时候，都是妈妈肚子里的主角，享受着妈妈 24 小时的呵护，她嘴里总是念叨着："哎呀，我的宝贝，你是我们全家的希望哟。"父亲母亲盼星星盼月亮地把你盼到了人世间，最后，你变成了芸芸众生中的那个"哎？"。那个"哎？"是谁？你是有名有姓的好吗！为何别人都记不住你的名字？这是妈妈的错吗？你作为妈妈的"绝对主角"，是如何在成长道路上一步步变成配角的呢？

这个事情说来话长，与时代的变迁息息相关。在 20 世纪，上升通道被细分成几百个阶梯，只有懂规则的人、善于利用规则的人、服从性强的人才会变成主角。那些姿势不对的、吵闹喧哗的、不服从管理的人，以及"坐缆车"走捷径的人，都在半途"翻车"了。"翻车"的时候，你是不是也大喊"救我啊！帮帮我啊！"？但是，你以为只有你一个人在喊救命吗？不是的，无数人在喊，你的声音早就淹没在亿万求救声中了。在一个中心化媒体的时代，想要你的声音被听见，你要付出巨大的代价。想要你的形象被全国人看到，你可能需要花费数亿之巨，有时候一个营收几亿的企业都无法支付这笔巨额费用，你一个凡人，有什么资格站在舞台中央，成为命运的主角呢？

幸运的是，时代变了，流媒体的碎片化打败了中心化媒体，现在只要有信号的地方，就是普通人的舞台。四川一个村庄的小嫂子，用一部手机、一个账号、一条短视频就可以凭借流媒体获得几百万粉丝；内蒙古的一个小伙子，哪怕只是小学文化，也可以边走边拍，卖出价值几亿的羊肉；湖南南部一个卖菜籽油的农民大叔，短短半年就赚到几百万……

这样的奇迹，每时每刻都在发生，普通人能在一夜之间从路人甲变成主角，改写命运！一部手机、一个账号、一点电费，加上两碗大米饭，就把出身"985""211"的高才生和白领、产业工人、农民、自媒体博主统统拉回同一起跑线。

我们要感谢这个时代，昂贵的生产资料被一部手机变得彻底平民化，长长的晋升阶梯被打碎重组，神秘的不再神秘，俯视的不再俯视，到手的名利也变得脆弱。让我们把亿万点赞化作重重心流，心流变成人流，人流变成现金，现金变成名望，名望变成财富。把握这个时代最后的特权，只有当主角，才能拿大头。没有办不成的事，没有拿不下的人！

《主角》是一本教你在碎片化流媒体时代如何让自己变得更值钱的营销指南，也是让你从配角变成主角的商业"圣经"。

现在已经不是你想不想成为主角的问题了，而是时代在逼着你成为主角。

CONTENTS

目录

PART 1 主角的魅力来自缺点

导言	002		
放大缺点	006	放大瑕疵	020
放大小事	008	你的悲剧	022
保持"轻浮"	010	保持"愤怒"	024
尊重肉麻	012	保持尖锐	026
成为小丑	014	哄人开心	028
你是只猴	016	有"多动症"	030
活成笑话	018		

PART

2 画饼的能力
才是超能力

导言　　　　034

英雄出征	038	"百家争鸣"	050
英雄之旅	040	作品背书	052
独一无二	042	天才优先	054
解锁天赋	044	学会包装	056
荒诞的你	046	单点爆破	058
逆天而行	048	矮子将军	060

PART

3 嫉妒才是核反应堆

导言	064		
外行叫好	068	心理暗示	080
不配低调	070	高级动物	082
"指鹿为马"	072	"话题女王"	084
反感情绪	074	田忌赛马	085
看待对手	076	个性鲜明	087
过敏体质	078	高端诱惑	089

PART 4 看了，通了，透了

导言	092		
免费攻击	094	全面收割	111
制造铺垫	097	慢就是快	113
直击心坎	099	运用杠杆	115
繁文缛节	101	盲人识字	117
一件好事	103	先来后到	119
双面人格	105	跟对大哥	121
大佬的烦恼	107	货不对板	123
中产之利	109	浮光掠影	125

PART 5 会哭的主角最动人

导言　　　　　130

一事无成　　　136　　都是"草包"　　148
低维重复　　　138　　黄金搭档　　　150
迟早淘汰　　　140　　声浪迷局　　　152
囚徒困境　　　142　　不被淘汰　　　154
认清形势　　　144　　家族跃升　　　156
扬短避长　　　146　　别把爱好当买卖158

PART 6 "浪费"是主角的权利

导言	162		
认识金钱	164	不要正经	176
正经买卖	166	不要投资	177
筛选客户	168	报价艺术	179
顶尖合作	169	财富转移	181
霸王条款	171	绝不内耗	182
老钱生钱	173	宁缺毋滥	184
张弛有度	175	小而美时代	186

PART 7 对手越强，主角越强

导言	190		
非常矛盾	192	小众逆袭	206
兽性人性	194	制造舆论	208
请君"入坑"	195	矮化资本	210
百花齐放	197	阶级碰撞	212
刺痛的力量	199	时尚权力	214
打败精美	201	顶级销售	216
点名式消费	202	制造话题	218
"黑公关"助攻	204	击中敏感	220

PART

8 出自己的名，让别人做配角去吧

导言	224		
出名的本质	226	耐心养鱼	243
抢位意识	228	书写前传	245
大众熟人	230	在农村大有作为	247
深刻检讨	232	喜剧表达	249
人设定位	234	鸡的艺术	251
条件反射	236	搞笑能力	253
甜过初恋	238	正视差距	255
勾魂"咒语"	239	钝刀杀猪	257
不可卖惨	241	昙花一现	259

PART 9 事故就是故事

导言	264		
经济低迷	266	事件营销	281
放大钩子	268	低端的钱	282
品牌故事	270	小店秘籍	284
超级刚需	272	危机即转机	286
赶紧转型	273	"卷"不动了	288
关键战役	275	逆袭攻略	290
焦虑商机	277	门票模式	292
不要创业	279	实体买卖	294

PART

10 关键的关键
是关键

导言	298		
三次奖励	302	行业变革	314
三次借势	304	艺术是金	316
三次进化	306	创作洁癖	318
三长两短	307	不做库存	320
民族自信	309	信息密度	322
创造学派	311	有副作用	324
发行"货币"	313	永不遗忘	326

"缺点"可以成为普通人的财富。

主角的魅力来自缺点

PART

1

导言

我们都是小人物，我们都会经历妥协。

但是，妥协不是失败。

回首我的前四十多年，就是一个由妥协铺就的人生。

大部分人出生都没有含着金汤匙，我也没有。

第一次妥协，是我放弃中考，选择去考师范美术专业。

在20世纪90年代初期，我家有五口人，养家的重任都压在父亲身上。家里承担不了我高中的学费，我只能面对现实，去考了师范美术专业。因为师范毕业生可以包分配，吃饭问题就解决了。我没有参加过高考，没有读过大学，我从未后悔过，因为这个世界上永远不会有最好的选择，只有当时环境下的最优选择。

我的爱情，也是妥协的结晶。

我老婆当时绝对猜不到我有今天，当初她不顾岳母的反对，糊里糊涂地和北漂的我在出租房里结了婚。我的幸福婚姻，是岳母妥协后的果实。

我的家，在妥协中扎根。

结婚后买不起北京的房，我到四十岁终于买了房，在距离公司50

公里外的河北廊坊。

在大多数人眼里，我这算是北漂失败了。

我老婆安慰我，中午上班，深夜下班，一路都是走高速公路，路上还不堵车呢，每天多开 100 公里而已。这样，我每天上午在家陪老婆、孩子，中午去公司，路程虽远，但我和老婆、孩子的关系更亲密了。

做广告，也需要妥协的智慧。

我和合伙人 BOBO，一度被人称为"电梯广告之王"。

事实上，我们的作品连续九年登上了央视春晚舞台。我们拍了很多令业内人士赞叹的广告，一度是传统广告人争相模仿的对象。很多人夸我们策划大胆、创意卓越，而最近几年的评价是"创造了很多争议"，但是我们更加明白做广告要向效果妥协，向不断变化的媒介环境妥协。央视有效，就向央视妥协；电梯有效，就向电梯妥协；流媒体有效，就必须向流媒体妥协。

不仅我们在妥协，我们的客户也在妥协。

每届足球世界杯的举办，都是诞生著名品牌的机会。我的一个客户 BOSS 直聘，赶上了当年世界杯广告赞助的末班车。按照大品牌不差钱的逻辑，一下砸 20 亿结束战斗多好。事实是我们只能妥协，购买一些大品牌看不上的零碎时段。预算不够，投放量也不够，那么怎样让别人看到我们呢？怎么在这个舞台上获得存在感呢？

我们写出了一句非常经典的广告语:"找工作,我要和老板谈。"这句话说出了年轻一代的心声,用年轻人的共鸣和全媒体讨论实现了社交裂变,数十倍地放大了广告投放效果。在巨人林立的世界杯赞助商中,我们帮助客户打响了自己的品牌。

很多年过去了,除了这支广告,你们还记得其他招聘广告吗?

没钱不等于没有条件,预算太足,条件太好,往往做不出伟大的作品。

创作和管理企业有很大不同，

管理不能容忍缺点。

而创作在很多时候需要放大缺点，

删繁就简，创造出极致的风格。

做产品也是艺术，

有魅力的产品，缺点和优点同等突出。

放大缺点

我有一些粉丝朋友喜欢抱怨,觉得自己啥也没有,啥也不是。我跟他们说:"至少你有缺点吧!"

"缺点"可以成为普通人的财富。
出名最快的方式就是放大自己的缺点,因为观众不会喜欢一个对缺点遮遮掩掩的人。

在这个上到八十岁下到三岁集体敲键盘的时代,人们更渴望看到真实、坦诚的一面,而不是精心包装后的完美形象。你当年不成功的窘态,等到现在成功了再精心包装,你以为别人发现不了吗?与其时刻担心暴露,不如干脆放大自己的缺点。郭德纲出名之前在某卫视的节目里参加真人秀,在橱窗里生活一天,被路人24小时围观,一般人的心脏都受不了。这算是辛酸的历史,如今他用坦诚、自嘲的方式呈现出来,不仅能够赢得普通人的共情,也拉近了和粉丝的距离。

郭德纲的相声就总是拿于谦全家开玩笑,你觉得于谦难受吗?观众也知道那是假的,但是在忙碌的工作之余听个笑话,图个开心,有什么不好呢?

东北二人转的喜剧模型,就是拿人的一些缺点开玩笑,其票房收入和喜剧效果,已经证明了表达窘迫、尴尬,更容易让观众共情。某女企业家吊着盐水直播,观众通过评论和弹幕,热烈地讨论着她儿子、媳妇离婚后的那些事情,甚至有不少"黑粉"咒骂她,她也不关评论,还关心地说:"'黑粉'宝宝,你饿了吗?买碗酸辣粉再走。"这位女企业家才是看懂了传播真相的人,她一个六十多岁的老人都豁得出去,你还怕什么?

很多人害怕暴露自己的缺点,其实缺点有时候是你最好的武器。
人们更乐于看到你的失败、你的丑陋、你的无助、你的孤独,以及你在困难面前手足无措的样子。

不是有这样一种说法吗?你过得不好,他很担心,但是如果你过得比他好,那比杀了他还难受。

放大小事

**你不是亿万富翁,也不是才子佳人,哪有那么多大事?
一个想要做主角的人,就要善于把小事变成大事。**

当谈论打造品牌时,我们往往会陷入一种误区,认为只有大事件、大场面才能引起公众的关注和讨论。但在日常生活中,我们更多是与那些琐碎的小事打交道。那些小事,才是我们生活的真实面貌,才是我们的灵感来源。

举个例子,每年过年的时候我们都会发红包,如果你是亿万富翁,发红包就是一件小事,但如果你负了债,那发红包就是一件大事。

那么你想过年的时候怎么发红包?
这就是主角遇到的第一个困难。没有钱,但是要发红包,你是否可以去创造一个红包的平价替代品呢?

在短视频的表达上,英雄如何过年关,负债了还咬牙坚持发红包,这种题材的感染力是无穷的。给谁发，发多少，以什么形式发，什么时候发，这都是学问。

你可以把市面上红包的替代物、礼品清单全筛选一遍，将细节转化为生动的画面和情节。这样你不仅找到了流量密码，还找到了商业机会。

发红包本来是一件小事，但经你这么一加工，它就有流量、有冲突、有争议、有人产生共鸣，那不就够了吗？

保持"轻浮"

主角们,一定要学会"轻浮"。
厚德载物太可怕了,你才三四十岁,内心就老气横秋了。
这样的话,怎么把你充满活力的形象"锤"到年轻人的心里去?

即使你不再年轻,但你输出的观点必须年轻。你看马斯克走路都蹦蹦跳跳的,没个正形,却赢得了无数年轻人的喜爱与追捧。

"轻浮",并不意味着浅薄。
"轻浮",证明你还年轻。

当你学会"轻浮"时,你就不再被年龄、地位或身份束缚,可以运用更加开放、包容的心态去面对世界。很多互联网企业在初创的时候,老板穿着拖鞋,员工嘻嘻哈哈的没个正形,办公桌上堆满了一个个未完成的任务。在一般人看来,这样的创业公司就是不靠谱、不严谨、不规范的。但就是许许多多这样不拘小节、没有偶像包袱的企业迸发出惊人的创造力,取代了传统企业,成为新经济的巨头。

老爹鞋轻不轻浮？样子又丑又笨，但是这种鞋风靡全世界。以玩具模型为职业，轻不轻浮？我在珠三角的东莞、深圳、汕头，看到世界级的玩具产业融合了模具制造、电子精密加工、精密注塑，广东企业家曾经做电脑、做手机，现在把收藏级的玩具模型产业发扬光大，成就了漫威电影和《流浪地球》中的经典道具。

打游戏轻不轻浮？2023年中国的游戏市场产值突破了3000亿，广东、北京、上海等地聚集了大量相关企业，电子竞技已经走入了亚运会，成了一个有极高门槛、高淘汰率的金字塔行业。但在老人眼里，这些行业都轻浮极了！

"轻浮"是一种年轻的、无畏的气质，是内心强大的表现。当你某一天觉得自己"轻浮"的时候，不必内疚，那说明你还有救。

尊重肉麻

告诉你一个真相,自己都没法看第二遍的内容,很可能就是爆款。

如何打破常规,触动人心?一定要学会肉麻。

肉麻,是让陌生人靠近的秘密。

那么如何做到肉麻呢?

第一,一定要"拍用户的马屁"。

在社交媒体和内容营销的时代,普通的、平淡无奇的内容往往难以引起人们的注意。要敢于"拍用户的马屁",用最直接、最肉麻的方式赞美他们,让他们感受到被重视和被认可。每个穷小子都记得第一次见老丈人的场景吧?你认真地拍马屁,其实大家都在笑话你,你话多、礼多,哪怕笨拙,但是体现了诚恳。每个老丈人都不喜欢高高在上的女婿,他们喜欢能拍一辈子马屁的女婿。

第二,"猥琐"到极致就是一种高级。

《大话西游》《东成西就》刚上映的时候,主流影评媒体大部分觉得它们很尴尬、很"猥琐",但随着时间的推移,这类影片逐渐形成一种风格。后续跟风的人一吹,也就成了另一种"主流"。"猥琐"并不是低俗、恶趣味的,而是一种敢于挑战常规、打破固有框架的精神。举个大家都知道的成功例子——迪士尼的米老鼠。老鼠本来是一种很丑陋的动物,但是这种动物硬生生被迪士尼掰成了一个机灵可爱的卡通形象,它不但不丑陋、不脏、不猥琐了,还卖得很贵。

第三,强行挠胳肢窝、抠脚底心。

心里要有老百姓,找到人们的敏感点和痛点。

但老百姓"皮糙肉厚"的,你劲不大,他们感觉不到。综艺节目为什么要强加笑声的背景音效?就是这个原因。用最直接、最肉麻的方式去触动人们的心灵。这种表达方式虽然有些"暴力",但能够让人们感受到真实和深刻。

成为小丑

想要红,你就要变成本行业的小丑。

"小丑"这个词,要看你怎么读。你开心地读出来,它就是逗人开心的丑角;你气急败坏地读出来,那它就是让人厌恶的跳梁小丑。

很多人用幽默、自嘲、夸张的方式展示自己,快乐他人。

你想想赵本山和卓别林有何不同?
从东方到西方,从农村到城市,他们都是制造快乐的大师。他们用卑微烘托着高大,用土味反衬了潮流,用憨傻来反应精明。

在金融界、经济学界和娱乐界等领域中,同样存在这样的小丑角色。他们可能是那些以幽默方式解读金融数据的分析师,或是用夸张手法传递经济学原理的教授,或是用自嘲和幽默的方式赢得观众喜爱的艺人。他们通过扮演小丑,成功占领了热搜和舆论。

小丑本身没有稀缺性，但不是人人豁出去就可以成为的。

成为小丑需要具备三个要素：技能、平台、时机。

你的技能再好，没有平台赏识你，你拥有的只能是各种挑战和质疑。

你拥有平台，但是没有扎实的技能功底，那么等潮水退去，你很快就会成为那个"见光死"的人。

现在是流量时代，敢于出丑，就是普通人成名的很好的时机。

想要成为小丑，你需要不断地挑战自己的极限。

观众买到了自尊，你赚到了金钱；当他们沉浸在取笑他人的快乐中时，你已赚得盆满钵满。

你是只猴

怎么给实体店引流？

第一，杂耍表演。

吸引顾客如同进行一场精彩的杂耍表演。老板们得明白自己就是一只猴，你猴戏唱得好、耍得好，打赏的用户就多。在十个人抢三碗饭的时代，你的店有可能开业就倒闭，新店有一个杂耍般的名字更容易被人传播。我的一个粉丝开了一家夜宵店，以卖辣菜为特色，我给这家店取名叫"不辣叫我爸"。这个年轻的餐饮店老板在三天内迅速打出爆款，形成社交话题，顾客们抱着看热闹的心态进店，完美解决了新店拓客难的问题。

第二，品牌基建。

在自媒体平台做品牌，看你买卖的大小，如果只是在直播间求打赏这个级别，也就是赚了零花钱，但是更贵的买卖，短视频真正带来的转化率也许只有 20%。比如，我做 500 万一单的买卖，短视频真正起作用的也就是 20%，所以在你变成一只知名的猴子之前，必须完成品牌基建。

比如说你是一只有十八般武艺的猴子，你是一只有文化的猴子，你是一只有学术成就的猴子，你有通天的本领，能摘下太上老君的长生果。

第三，大量曝光。

品牌基建完成后，你必须完成大量曝光，通过重复展示和宣传店铺的特点、优势来加深顾客对店铺的印象。不停地重复你的背景、你的成就，去吸引你的用户。你要知道，用户始终是流动的，你昨天吸引的用户可能今天根本不会来。如果用户对你不感到好奇，看不见你，他怎么可能点击你的主页联系你呢？

这个世界宛如一个马戏场，你是一只猴，有的人是大象，有的人是鳄鱼，有的人是马，大家都是通过"表演"让观众开心来获得自己的报酬的。

一只不动弹、不会搞笑的猴子，只会挨打，且最终会被饿死。

活成笑话

在生活中,我经常会遇到一些自我怀疑的人。

有人会说:"大叔,我什么都不会,又没有特长,长得也难看,胆子还小,什么东西都没有,我怎样才能被别人关注呢?"

其实我有一个很简单的办法,就是成为一个笑话大师。你不需要拥有多么高深的才华或技能,只需要去买一本笑话全集,每天挑选一些你觉得有趣的笑话来分享。

如果你长得很土,你就讲那种金融、时尚类笑话。

如果你很时尚,你就讲那种接地气的笑话。

如果你这个人特别成熟,你就讲很低幼的笑话,让大家看到你童趣的一面。

如果你人特别小,你就讲很深沉的笑话,让人觉得不可思议,主打一个反差。

千万不能"顺撇",一"顺撇"就完了。

这样你的台词和人物形象之间就产生了强烈的冲突。当然，讲笑话的时候你不要那么一本正经，反差大一点，你表现得傻一点、蠢一点，别人的防备心就低一点，容易接纳你。毕竟，一个愿意自嘲、愿意放下身段的人，谁不喜欢呢？

你帮别人读书、讲笑话这件事，本身就是一种利他思维。当你每天为别人带来欢乐，帮助他们缓解压力时，也在无形中创造了自己的价值和影响力。

想象一下，如果每天睡前人们都能习惯性地听你的笑话入睡，那么你在他们心中就占据了一个特殊的位置。这样的个人品牌打造方式，是不是更快、更高效？

放大瑕疵

每个人都能有 15 分钟成名的机会。
流量很容易造"神",一瞬间的大流量把你拱到那个位置,把你推到风口浪尖,任谁都会飘。"流量造神"的案例数不胜数,爆火的背后总是伴随着争议。

记住这三件事,你才能在流量的洪流中乘风破浪。

第一,随时放低姿态。
流量虽然能把你推到神坛上,但你别忘了,神坛之上并非永恒之地。你得时刻提醒自己,你就是个普通人,不是什么大神。就像我常常说自己就是个"狗头军师",做广告就是为了赚钱,不给钱,你给客户上"万言书"也不好使。

第二,向上社交是浮云。
出席多少活动,接触多少高级人物,这些都不重要。真正重要的是你的基本盘,是你的专业能力。就像你和巴菲特吃饭,那只是一顿饭而已，不会让你瞬间变成金融大佬。短时间比的是运气，长时间比的是内力。

第三，不要试图隐藏错误。
比如，因为直播间的能量影响很大，所以说出来的每一句话都需要尽可能地严谨，别试图去掩盖或逃避错误。在这个信息透明的时代，观众的眼睛是雪亮的。你越是想掩盖，他们越是好奇。与其如此，不如大大方方地承认错误，与观众同乐。当展示出真实的自己时，你会发现观众并不会因此嘲笑你，反而会因为你的真诚而更加喜欢你。

一个有瑕疵的人，好过一个圣人。

你的悲剧

你的悲剧就是别人的喜剧,别人的快乐就是你的流量。

叔本华说过,人性有一个最特别的弱点,即在意别人如何看待自己。你还什么都不是,太在意自己,有必要吗?

很多人一直想做自媒体,但一直不敢做,一上来就想什么赛道、什么团队、什么拍摄技术,其实那些东西一点都不重要。有些人把这些道理说得那么复杂,就是想"割韭菜"。

自媒体,不能自己干的还叫自媒体吗?IP(知识产权),没有I,哪有P?I就是自我,一定要表达自我,这是最重要的。

这招你可以试试看。比如,你发一条视频检讨自我,开篇就是介绍自己,然后你讲讲感情,你就说自己是一个胆小鬼,当年爱上了一个女人或女同学,迟迟没有表白,最后这个女人或女同学被别人抢走了。就这样一个简单的故事,一定会引起很多共鸣。

或者你可以自嘲一下,说自己是一个"守财奴",收入不高,所以经常因预算不足而遇到各种尴尬情况。这种"抠门"经历,也会让很多人会心一笑,觉得你接地气,有共鸣。

别害怕展现真实的自己,别给自己加太多偶像包袱。
过度包装只会让你失去真实的魅力。
你看我,我从来不掩饰自己,一直说自己是个"狗头军师",反而赢得了大家的喜爱和信任。

你一定要记住这一点:
你的悲剧就是别人的喜剧,别人的快乐就是你的流量,别人的关注就是你的收入。

保持"愤怒"

"愤怒"是创作的根,是起盘的基石。
变得沉默并不会让你目前的一切变得更好。

一个人一旦拥有太多就谨慎了,害怕失去,什么都不敢表达。但是,一无所有的时候,人啥都敢说。

另外,创作能力的高低跟碰不碰忌讳没有多大关系,因为创作是在圆圈里跳舞,越挣扎越有张力。

比如,电影《肖申克的救赎》中的主人公安迪身处监狱这个充满禁锢的"圆圈"之中,他渴望自由,不断地与监狱的体制、狱警的压迫等进行抗争。他策划越狱的每一步都充满艰难险阻,但正是这种强烈的挣扎,让整个故事充满了巨大的张力。

又如,经典文学作品《百年孤独》中,布恩迪亚家族在时间的轮回和命运的捉弄这个"圆圈"里,不断地与孤独、遗忘等进行激烈的抗争。他们家族七代人的这种命运挣扎贯穿始终，作品因此充满了魔幻色彩又极具张力，让读者沉浸其中。

很多艺术家因为贫穷才"愤怒"，但是通过挣扎与抗争，他们赋予了作品独特的张力和生命力。比如，凡·高一生过得穷困潦倒，但在这种艰难的生活中，他通过画笔抒发了自己对生活的热爱与自身的痛苦。生活往往如此，艺术家有钱了，惊人的作品就不见了。

很多互联网公司也是如此，初创的时候一无所有，十几个人在两间小屋里，做出了影响十多亿人的商业模式，后来成了超级企业。成为超级企业后，企业就转为保守了，不在乎对手的超越了，对用户和商家也不那么热情了，突然有一天，公司的地位被别人"打下去了"。

别人把你"打下去了"，就换别人用"愤怒"来夺取你的胜利果实了。

很多企业，在最危难的时候才会回想起来"愤怒"，这时候往往已经迟了。

年轻人失去了"愤怒"，就失去了一切。

保持尖锐

声量、流量、销量三者，一旦能够有效地运转循环，就会像滚雪球，越滚势能越大。

就拿"特斯拉"来说，它已经变成了平台的热词，只要沾上它就有流量，那你还怎么给它限流？没有任何一家企业的负面消息比特斯拉多，但是这对最终的结果有影响吗？

在过去的三年里，我观察了很多个人品牌，发现他们的内容是越来越精致，但是流量明显越来越不行了。

原因其实很简单，如抖音是一个相对粗糙和野性的平台，始终是底层人性在起作用，我们要利用好人性中的好奇心和猎奇心。对个人品牌来说，懂得传播的核心技术依旧是第一位的。但是有些人走着走着，忘了初心，逐渐布尔乔亚化了，华衣美食会蒙蔽人的双眼。

做人要保持钝感，而创业要保持尖锐。

钝感是护城河，尖锐是矛。

人生事事都有不确定性，没有哪个平台是绝对稳定的。

美国女诗人玛丽安·摩尔写过："但是玫瑰，如果你卓越，并不是因为你的花瓣超越一切、不可或缺，如果没有刺，你看上去什么都不像，仅仅是一个怪物。"

愿你们都是带刺的玫瑰。

哄人开心

要想成为一位真正的人民艺术家,就要把人民的喜怒哀乐供起来。

回顾历史上的艺术巨匠——卓别林和黑泽明,他们的巅峰作品都是把人民的喜怒哀乐供起来,通过电影将人民的喜怒哀乐展现得淋漓尽致。

电影《七武士》的结尾和《地道战》的结尾旁白,其中有两句话的意思是一样的,就是:只有人民才是最后的胜利者。这不就是在用心抚慰用户的情绪吗?

尤其是《七武士》结尾农民唱歌插秧的画面,不正展现了它真实的用户画像吗?

黑泽明和卓别林不仅是伟大的艺术家,还是杰出的产品经理。他们深谙观众心理,知道如何创作出观众喜爱的作品。卓别林的一生更是充满了娱乐精神。

黑泽明说："我每拍一部影片，就等于经历了一段五光十色的人生……我是和每一部影片中各种各样的人融为一体生活过来的。"

然而，当很多超级大导演在晚年想要拍摄一部完全表达个人想法的电影时，却遭遇了挫折，因为他们的出发点就站在了人民的对立面。《公民凯恩》的导演奥森·威尔斯，这位天才的晚年创作生涯一无所成。弗朗索瓦·特吕弗总结得更到位："威尔斯的真正悲剧在于三十年来他花了那么多时间和权力无边的制片人打交道，他们请他抽雪茄烟，却连一百英尺（合 30.48 米）胶片都不舍得给他。"

这给我们敲响了警钟：

知识分子千万不要把自己那点小九九当回事，要始终站在人民的立场上进行创作，才可能持续受人欢迎。

有"多动症"

还记得《借势》吗?我在这本书里讲过"同边手男孩"的故事。

一群人站在队伍里,同样的年纪、身高、衣着,那个同边手男孩一下子就被你发现了。你如此厉害,是因为人类基因里有着捕捉不协调的本能。

"静若处子,动若脱兔",自古以来,从体育到艺术,从心理学到计算机编程,动静之争是永恒的话题。

电影《乘风破浪》《河边的错误》的摄影指导是我的朋友,他是电影学院的博士,也是纽约大学的访问学者。我看过他的博士论文,主要研究人们看电影时的注意力。通常大家会觉得出现静态画面时眼睛更容易聚焦,但是他包了一个小电影院,请了几百位观众来做调研,每位观众都戴一个眼动仪,播放两段影片。最后得出的结论是,在动态画面中,观众更能将视线聚焦到主角脸上。

有的人动态比静态美很多,二维的画面捕捉不到他们在三维空间里动态的美。

看了这个研究之后我就明白了,全世界的电影动态镜头越来越多,那些摄影师、导演、演员都跟得了多动症似的,其实是因为获取注意力的方法更科学了。

在编程语言的世界里,有一场激烈的辩论一直存在:静态语言与动态语言,哪个更胜一筹?动态语言(如 Python 语言、JavaScript 语言)开发速度快、灵活、简洁,但也容易出错;而静态语言(如 C 语言、Java 语言)编写速度慢、冗长,但安全。

如果你需要快速开发,需要让一个项目重新起盘,动态语言可能更适合,因为它有更快的开发速度和更灵活的机制。

生活也是这样,就像骑自行车,只有始终保持动态,你的车子才会不断前进。我现在做短视频博主,深刻体会到连续日更才不会摔倒。

动态的短视频打败了静态的微博,你动得越厉害,观众越聚焦,流量越厉害。

拥抱不确定性,有"多动症"的人才会赢。

99% 的人不会画饼,只会吃饼。
吃饼的人太多,而画饼的人太少,
所以你要成为画饼的人。

画饼的能力
才是超能力

PART

2

导言

人生就像做梦一样。
人的一生,你只知道结局,不知道过程。
那些被击碎的梦,既是我们成长的痛,也是蜕变的催化剂。

第一次梦碎,颜值终成泡沫。
当我还是个孩子的时候,曾天真地认为自己长得挺帅的。在姐妹的照顾和父母的关爱中,我作为家中唯一的男丁,被捧得特别高。然而,当走出家门,步入社会后,我才发现自己不过是一个长相普通的男孩。有一天,在篮球场边,我口渴了去买水,一个女孩微笑地看着我。我掏出仅有的三块钱买了一瓶透心凉的雪碧,毫不犹豫地递给了她。女孩没有马上喝,她等了一会儿,递给了另一个满头大汗走过来的高大男生。女孩看见这个男生心满意足地喝了下去,走过来对我表示感谢:"别看你长得有点凶,其实你人还怪好的!"
那一刻,我的青春梦被击碎了,我陷入了悲观之中。我竟然不是一个帅哥,只是一个路人甲,这"楚门的世界"里原来充满了善良的谎言。

第二次梦碎，百万富翁梦的破灭。

二十岁的年纪，觉得赚 100 万是小菜一碟。当时是新旧千年交替的时代，整个社会充满了激情，发财梦满天飞。听说有人在广东做装修设计，一晚上画的效果图就能赚 1 万；做油漆桶设计，也能月入几十万；北京的艺考画班老师，一学期就能赚几十万；还有一个牟姓老爷子，当时是中国最狂的策划人，说要把喜马拉雅山开个口子，把印度洋暖流引向西北，从而造就一个"西北鱼米之乡"。

我也觉得自己天赋异禀，在北京混三年就能成为艺术大师，一幅画就能卖 100 万。然而，现实给了我一记响亮的耳光，经过社会的毒打，我发现这个梦想几乎实现不了，因为作品扔出去，市场连个水花都没有。

后来，我去宋庄画家村、黑桥、草场地这些地方转了转，发现北京的艺术家多的是，一山更比一山高。我这点挫败感跟他们比起来简直是小巫见大巫，这么一想，我心里就平衡多了。

第三次，一个梦碎，另一个梦起。

有时候一个梦的破碎，反而是另一段传奇的开始。

虽然我当时没有成为艺术界的百万富翁，但我的艺术能力得到了很多人的认可。当时有位大佬看完我的动画短片，直接拍板对我说："小子，你画画可能不火，但做导演绝对有戏！"

现在回头看看，我的广告策划案 500 万起步，用广告影响社会，也算是与最初的梦想殊途同归了。

人生就是会在变化中阴差阳错地拿到另一个结果。如果你一生的路都是被安排好的,你活得明明白白的,那可能就没有意思了,就像有些富二代,一生拼死也要逃脱父母的安排。

不会做梦的人是不会幸福的。

太现实的人是不幸福的。

想要明天,就要放弃昨天。

既要、又要、还要，是老年气。

只要、先要、主要，是少年气。

英雄出征

英雄出征前,要"拉黑"三类人。

第一,要"拉黑"自己的父母。
99%的父母没有成功的经验,只有失败的经验。这并不是说要断了与父母的联系,而是说我们要在精神上独立,不受他们失败经验的束缚。父母的经验虽然宝贵,但他们的经历都有时代局限性。用上一代人的失败经验来指导这一代,有很大概率还是会失败。

第二,要"拉黑"自己的亲戚朋友。
老家的一些亲戚朋友,他们的认知与其现有的成就是相匹配的。当我们渴望超越他们时,就需要摆脱他们的热心指导。你想想你每次回到老家都是吃吃喝喝,和亲戚朋友除了一起回忆童年,还能做什么?

第三,要"拉黑"过去的自己。
你的一事无成都是自己造成的。过去的经验都是失败的经验,这样的过去不要也罢。

在这个不断"拉黑"的过程中,你会发现自己最在乎的就是别人忽略的,你认为的轰轰烈烈就是别人的小菜一碟。当你站在话题的中心,变成"流量发动机"后,别人的嘲笑就变成了对你的嫉妒;当你强大了,你就会发现,曾经的困难和挫折已经变得微不足道,轻舟已过万重山。

被"黑"不如自"黑",嘿!

英雄之旅

饼要一张张地吃，想靠做短视频成名，也要一条条地拍。

第一条视频，你可以发自我介绍。
把自己失败的经历讲出来，就如同英雄踏上征途前的自我宣言。放下尊严与骄傲，对自我进行剖析，把自己放在地上狠狠地摩擦，因为你已经没有什么东西可以失去了。你可以讨厌我，但你无法忽视我。

第二条视频，你可以讲讲自己的初恋故事。
讲自己的初恋故事的目的，就是放下过去，和自己和解。每个人都有初恋，这种情感上的共鸣，使观众和你之间建立了深厚的情感联系。没有人能抵挡眼泪，老祖宗早就告诉你流量密码了。

第三条视频，你就可以讲讲自己的目标了。
因为你就是自己生命的导演，你就是自己故事的编剧。当你想成名的时候，你这个英雄在你的故事的旅途中已经出发了，同时带领观众进入了一个充满挑战的新世界。要结合自己的业务，每一条视频都要给自己的业务铺路。

电影中通常是主人公在第五分钟的时候一定要说出自己的愿望，英雄一定要说出自己的愿望。如果你连目标都讲不出来，你如何带领观众进入角色，你的粉丝如何去帮你实现愿望呢？你发的每一条视频中，你都像在沙漠里迷路的将军，你的随从会一个个离你而去。

独一无二

让你的观众为你的特别买单。

我们时常会被外界的繁华和诱惑吸引,觉得别人的老婆好看,别人家的饭好吃,对面的鱼好钓……当你跋山涉水,浪费了很多时间和精力到达对岸时,却发现自己已经人过中年,你所追求的是人家放弃的,你所喜欢的是人家玩腻的。
当你跨过河到达对岸,再想返回去时,天已经黑了。

你忘记了,每一个人都是独一无二的,我们拥有自己的故事和情感。这些独特的元素构成了每个人的个性,让我们在这个世界上变得独一无二。
当你盲目地追求别人所拥有的东西时,实际上是在否定自己的独特性,将自己置于一个无尽的循环之中。

我在流媒体上已经存在五六年了,但是几百万点赞的内容层出不穷,我永远都不会担心灵感枯竭。像我这样边走边说,边说边走,讲讲自己烦恼的事，讲讲自己的感悟，从身边的小事说起，永远也说不完。

你永远要相信自己是独一无二的，千万不要自卑。

解锁天赋

天赋是什么？
天赋是你毫不费力就能办好事情。
激素是什么？
激素是你做这件事情能给你带来快乐。
多巴胺是什么？
多巴胺是你能忍受这件事给你带来的痛苦，它能帮你取得更高的成就。
在你的付出和结果之间，有很长的距离时，你需要多巴胺。
多巴胺来自哪里？来自你的天赋。

我的天赋就是：视觉形象思维好；文案功底好，能写点东西；记性好，拍的片子每个画面都能记住，不用看分镜；表达能力强……所以，我能把广告拍好，也能把自媒体做好，把书写好。

许多人没有发现自己的天赋，陷入了生活的矛盾循环。
你要沉下来思考一下，什么是让自己感到快乐的天赋。

比如，他每天伺候媳妇，安心做个好男人，媳妇因此过得快乐，那就是他做丈夫的天赋。

又如，你辅导孩子做作业时，孩子感到快乐，孩子服你，愿意跟你学，这就是你做家长的天赋。

基因，会在冥冥之中告诉你，你最好的天赋是什么。

有的人天生就是演员，举手投足都在表演，但偏偏看不上老天爷给他的这个天赋。

有的女性天生桃花眼，瞟人一眼就能让每个男人都爱她，这个放电能力就是一种天赋。

努力勤奋也是一种天赋。为什么他创业如此勤奋？为什么他每天在车间里打地铺？因为勤奋的时候他感觉到快乐。

有的人天生就喜欢服务别人，有的人天生就是军师，有的人一看就是将军，有的人天生魅惑众生，有的人永远具有创造力，有的人一看就不缺钱……

如今的心理学，对人性的研究已经到了非常细微的程度。无论是荣格的 12 种人格原型还是 MBTI（迈尔斯 - 布里格人格类型量表）测评的 16 种人格，都在指向一个终极目标——发现自己隐藏的独特天赋。

荒诞的你

只有荒诞的你，才能挣到荒诞的钱。

金钱荒诞，梦想也荒诞，赚钱就像追梦一样，所以一个人想出名的时候，他必须是一个合格的造梦者。

马云造了一个梦，让天下没有难做的生意。
邓刚造了一个梦，让每一个钓鱼者都觉得自己是钓鱼大师。
罗永浩造了一个梦，他让你觉得做几年主播赚几亿并不是天方夜谭。

这些成功的故事，都证明了荒诞的力量。它们的本质，就是向人性深处的渴望借势，情感需要畅快淋漓地表达。姜文的电影《让子弹飞》中有一个画面是几匹马拉着蒸汽火车，这就是荒诞。为什么很多人拒绝荒诞，选择一辈子平庸？就是因为他们过于追求合理，过于在意别人的认同。

那么你想想，你凭什么用现实的视频挣到荒诞的金钱呢？你所谓真实生活的价值注定是会被人遗忘的。

你想要出名，想做个人品牌，就要学会从荒诞的角度去审视和表达真实的生活，用荒诞的故事去挣现实的钱。

逆天而行

想要逆天而行，当然要付出逆天的代价。

小时候爸爸跟我说要跟着大趋势走，我不信，偏要逆天而行。

我非要来北京学艺术，深信我命由我不由天，结果北京把我打回原形。

我想当画家，结果我的画在画廊每幅卖 300，我一个月画 20 幅，收入只有 6000，相当于五花肉卖出了豆腐价。

后来我转行奔向了广告业，在二十八年的广告生涯中，至少有十八年踩错了节奏，完美错过了电视行业的黄金时代，错过了地产行业的黄金时代，错过了 PC 互联网时代。我在几个时代风口的关键节点上都没赚到钱，没拿到时代的红利。

最后我只把握住了移动互联网起飞的机会，服务了小米等知名企业，并成功抓住了手机游戏的红利，后来我几乎服务了市场上一大半"独角兽企业"，把握住了新消费的趋势，持续在流媒体大时代的背景下俯身发力。

然后,我著书立说,之前出版的《借势》成为营销策划类的"常青树",我吭哧吭哧地完成了影响力的小小闭环。这些都证明了我逆天而行的勇气和决心。

但我也深深感到,小镇青年的每一步都谨小慎微,几乎一步踏错就会跌入万丈深渊。

再想想那些年跟着声名广播的企业家的人呢?大哥坐电梯的时候,你只要跟着进电梯就行了,跟个人能力关系不大,大哥的蛋糕越大,你切到的蛋糕就越多,而普通人却要一步步地爬楼梯,或者是探索一条崎岖无人的小道。

广告业的蛋糕特别小,切一点点都特别显眼,而且广告业中遍布不识字的文人,缺乏浪漫的诗人,色盲的画家,这些人稍微动点脑子就容易跳出来,这也决定了广告业是个小行业,一个充满了酸文假醋的行业。

"百家争鸣"

那些原本在你眼中并不起眼的人,为什么突然间如同破茧的蝴蝶一般振翅高飞?

眼看着一个个原来远不如你的人超过自己,过得比你好,挣的钱比你多,你心里是什么滋味?

因为你在高调的年龄选择了低调,在应该站着的时候选择了躺着。

你用犹豫代替了勤奋,最后别人收获了赞美,你只收获了嫉妒。

这个时代的创业机会千年一遇,出名是成本最低的创业方式。

现在社交媒体、短视频平台、直播软件发达,这些新兴的媒介为普通人提供了前所未有的展示自我的机会。只要你敢于行动,敢于展示自己,不可能留不下自己在这个时代的印记。

朋友圈就是免费的个人品牌广告位,只要你行动起来,马化腾、马云、张一鸣都仿佛在给你打工。

如今的时代，你的每一条动态、每一条文案都有可能成为别人了解你的窗口。
一条视频发出去不火，你不要立刻停下来，也许未来你老了，回看自己写的每一条文案时，会发现它们居然都变成了文化遗产。

历史是糊涂的，它不会记住每一个平凡的人。
但是，你不能糊涂啊！你错过了战国时期的诸子百家争鸣，你还有机会参与流媒体时代的百花齐放。

作品背书

年轻人应该怎么找工作啊？我有个来自湖南老家的小辈，他是学设计的，毕业后想来北京找工作。这其实很难的，因为他的毕业院校不是名校。这个孩子还口齿不清，说着一口塑料普通话。情商更是谈不上，新一代人都是在蜜罐里长大的，没挨过打，也没上过当，哪里有情商？

因为他妈妈是我以前的同事，所以他大三暑假在我这儿实习。

当时我对他说了一句话："你一定要做一本作品集，充分地展示你的技能。"其实我对很多年轻人都说过这句话，拍胸脯答应的人特别多，但是看结果的时候他们就消失不见了。只有这个年轻人真的做到了。

大四毕业的时候，他拿了一本厚厚的作品集过来给我看，他把自己的所有作品做成了一本书。我的天哪，作品集用了很多尖端的制作工艺，展现出了他很好的审美能力和优良的完成能力，那卖相都达到能出版的水平了。

那是 2005 年，我自己都还没有混出名堂，就把他带到我的大哥老韩那儿。大哥看了他的作品集，一拍大腿，说："这个孩子不得了，一定要把他送到国际广告公司去，到我这本土广告公司做楼书设计有点可惜了。"老韩那会儿可是一家超级热门的房地产广告公司的老板。

后来这个孩子成为著名的美术指导，而和他同期来北京的那些孩子都陆续离开了北京。

这件事对我的启发非常大，拥有创作能力太重要了。我现在的公司就只有七个人，他们都是创作者。

我们不需要业务员，客户自己找上门时，看的不就是案例吗?

其实很多这样的"三无"青年——无学历、无背景、无资源——在出门闯荡之前，一定要沉下心来，花一年的时间好好做一本自己的作品集，这比什么都重要。

天才优先

一个天才胜过十个蠢材，创意人的核心生产力是大脑，而不是复杂的人际关系。

我以前在公路局上班，那是一个小小的事业单位，领导每天忙得焦头烂额。单位里面有大团体，也有小团体，团体之间又有团体。勤奋了，你是出头鸟；懈怠了，你就成了落后典型。在一个上百人的系统中，人很容易就莫名得罪了谁。

后来我想过，如果我将来做了老板，一定不会开一家有上百人的大公司，人越少越好。

人多是非多，与人打交道比想创意难多了。

我的公司只有七个人，一年可以生产出七八十个创意，人际关系相当简单。若是换成管理七八十个人，那就会变成很累的事，层出不穷的杂事、破事，就会变成"简单的事情复杂做"。

"天才优先"是我坚持的理念，在创意公司中，要给最有能力的人最高的工资，同时让他们能够全身心地投入创意工作中，将那些烦琐的行政事务和复杂的人事关系，尽可能地消除。

这就是所谓第一性原理，专注于核心生产力——人的脑力。

脑力作为我们的天赋，可以分两种：一种是技术型，另一种是分析型。

技术型脑力是强大的直觉和捕捉纷乱灵感的能力。

分析型脑力是逻辑性强，抽丝剥茧的分析能力。

我应该是技术型脑力，深刻知道创意人都有能量极限，脑力要用在有价值的地方。

社交的时间多了，想创意的时间就少了；浮皮潦草多了，深入思考就少了；爱的人多了，爱就不深刻了。

学会包装

能把文旅产品卖出高价,这是一种真本事。

法国人在这一点上比较聪明,做的都是靠杠杆用小力气干大事的活。

比如,在社交圈中流行的勃艮第的葡萄酒。法国人深知葡萄酒不仅是一种饮品,还是一种文化的象征,他们通过精心酿造和宣传,让勃艮第等地区的葡萄酒成为全球人追捧的奢侈品,创造了用小力气干大事的奇迹。

又如,拍广告。法国的汽车特技堪称世界之最,好莱坞的很多汽车追逐戏和很多商业大片的汽车戏,都是在法国拍摄完成的,这是全世界影视工业中收费最贵、价值最高的部分。

同时,法国人也善于利用地标建筑作为城市名片。凯旋门、卢浮宫和埃菲尔铁塔等建筑不仅是法国的象征,还是一次投入,几百年受益的大工程——它们吸引了无数游客前来参观,为法国带来了源源不断的旅游收入。

在文化赋能方面，法国人更是登峰造极。他们将懒散巧妙地包装成浪漫，使法国文化成为全球追捧的时尚潮流。

我国的新疆不美吗？新疆的喀纳斯被誉为"人间仙境"，天山天池被列为世界自然遗产；新疆的民族风情浓郁，是独特的文化风景线……天山南北的农产品不好吗？棉花、哈密瓜、石榴、葡萄干……

文旅产品一定是依赖天赋创意的，但除了天赋，还得靠包装才能在世界舞台上突显出来。

"牛屎屁屁外面光"对法国来说绝对是褒义。能把什么东西都包装得很美，这就是法国人能干的活。美，就是拥有现实扭曲之力的存在。

单点爆破

把豆腐卖出肉的价钱,难吗?瑞士山民做到了,且只用了四步。

第一步,敢吹——重新定义价值。
海拔不到 4200 米的少女峰就敢自称"欧洲之巅",别逗了,独库公路的哪个达坂不超过 4200 米?红其拉甫达坂的海拔就有 4733 米。而珠穆朗玛峰更是傲视群雄的 8848.86 米,但人家少女峰就敢吹牛,不服不行。

第二步,敢贵——树立高端形象。
虽然景点不收门票,但乘坐缆车需要买票,套票 299 欧元,现在相当于人民币 2300 多块钱。想想我从北京躺到上海的高铁商务座才 2000 块钱左右呀。

第三步,敢下手——精细化运营。
把短短的一节路线拆开来卖,三段路程分 9 个打卡点,先坐缆车,再坐火车,再坐 100 米的电梯,每段路程都让人感觉艰苦卓绝。

然后是9个打卡点拍雪山，让你攒起朋友圈的9张图，那你就成为这里免费的宣传机器。尤其山顶的玻璃房非常适合拍照，这个建筑其实很小，因为山小显得建筑特别大。

第四步，敢做局——跨界合作。
景区邀请全世界巨星合作，高尔夫赛、网球赛全是直升机负责接送；"007"电影在这里拍摄基本没有场租费，这不就是在玩宣传矩阵吗？

这一套组合拳下来，你还觉得花2300多块钱贵吗？
这四招玩下来，少女峰就成了全球旅游界的明星，吸引了大量游客，为瑞士带来了丰厚的经济收益。

矮子将军

在矮子堆里拔将军，是一种非常好的运营策略。

就比如瑞士的雪山小巧精致，跟咱们中国雄浑大气的昆仑山、天山比起来，瑞士雪山就像盆景。位于马特洪峰上的、海拔只有 3100 多米的酒店就敢称欧洲海拔最高的酒店了，这里非常适合拍照发朋友圈。

但是如果你见识过中国西部的山川，你就知道玉龙雪山、贡嘎山等山峰连绵不绝有多么让人惊叹。就像之前日本 NHK 电视台拍摄过丝绸之路的纪录片，第一次看见巍峨的昆仑山，主持人对着镜头被震撼哭了。

所以相比于中国景色的大气壮美，小国家的文旅运营就是盆景化的，用美学运营和服务抠出自己的一方天地。

矮子堆里拔将军无非是"三板斧":

第一板斧,飞龙在天。
在瑞士的皮拉图斯山,传说有一只飞龙拯救了当地老百姓。这跟咱们的神话故事是不是有异曲同工之妙?

第二板斧,"黄袍加身"。
据说当年维多利亚女王骑马来过皮拉图斯山,这跟我们的皇帝微服私访时下扬州有什么区别?

第三板斧,快感前置。
别看登上山顶就那么回事,但是它美化了整个上山的过程。少女峰上的齿轮缆车已经有一百多年历史了,爬山的这 20 分钟体验真的让人终生难忘,觉得这个钱花得非常值,这一点确实是需要我们学习的。

不会嫉妒的人，是失去了生命体征的人，没有温度，哪有高度？

嫉妒才是核反应堆

PART

3

导言

很多人一辈子都在嫉妒,却搞错了嫉妒的对象。
嫉妒是需要眼界的,你在什么水平,就有什么水平的嫉妒。

我这一生都在寻找对手。
记得当初学画画的时候,老师跟我们说得找个对手,得有个榜样。当时有个哥们儿拿着一张画说:"这是中国美(术学)院学生画的!"你猜怎么着?老师直接给扔了,说:"你这目标定得也太低了吧!"然后,老师就抬出了文艺复兴时期的三位"大咖"——米开朗琪罗、达·芬奇、拉斐尔,告诉我们:"这才叫大师!向他们看齐!"你想想啊,你要是能学到这些大师的三成功力,那你可就比那些小打小闹的人强多了!

那在生活里,我们该找谁做目标呢?找个你嫉妒的人吧!就是那种你看他很不爽,但你使劲跳都够不着他的那种人。你要是真的坚持下来了,说不定哪一天,你就突然发现自己已经跟他站在同一个高度了。

嫉妒,还需要有点眼界,县城首富、村里的木匠、篮球校草、年级第一、画班高手、街机游戏冠军、美国大片中的宇航员……这些都是可嫉妒的对象。

每个县城都有首富,他们真的是名校毕业或手握"黑科技"的吗?其实他们身边的朋友都知道,他们确实厉害,但也不是遥不可及的。还有村里的木匠,手艺高超,但你要是成了施工队老板,你就看不上那木匠的手艺了。

我们看美国科幻大片时,你觉得美国宇航员太牛了,简直遥不可及,你除了嫉妒,啥也没做。但是你的同学做了,他再也不陪你看电影了,也没时间陪你打篮球了,而是努力考上了军校,后来开上了战斗机,再后来听不到消息了,十多年后,你在《新闻联播》里看到他作为宇航员出征太空,你被震撼到了!然后,你觉得美国大片里的宇航员也就是那么回事了,你想做的就是赶紧回家做一桌好菜,督促下一代:"好好学习,未来你也可以!"

嫉妒让人刻骨铭心,更让你改变得更加坚决,你想了解他,成为他,超越他。
嫉妒也是人的天性,每个人都慕强,因为慕强而奋发。

崇拜是够不着,遥不可及,而嫉妒是可实现的超越。
因为嫉妒,不断地超越自己,超越别人;不断地嫉妒,给你持续的正反馈。

人的一生只要完成十次嫉妒,就能带来一次他人的崇拜。完成十次崇拜,你就成"神"了。

如何增强斗争本领？

经济上要比敌人有钱，

身体上要比敌人强悍，

思想上要比敌人团结。

外行叫好

内行叫好你白干，外行叫好你赚钱。

如何让外行叫好？你需要做好以下四点：

第一是清醒。
清醒的人，不容易被道德绑架，不受外界干扰，能用更直接和务实的眼光看待问题。就像有些人，看待感情非常理性，一旦觉得付出不值得，立马走人，绝对不在一个人身上耽误时间。

第二是干事没有包袱。
干事没有包袱的人，不会为自己没有品位而感到自卑，自由的心态让他们能够大胆创新和尝试。就像票房最好的电影得不了奖，卖得最好的商品都没有品位，你应该庆幸自己是个俗人。

第三是心胸开阔。
心胸开阔的人，不会因为一时的挫折而气馁，也不会因为短期的成就而沾沾自喜。你看雷军一旦决定去造车，首期就投资了 100 多亿，尽管许多内行人士劝他不要这么干，但他就是干了，所以应该他赚这个钱。

第四是当内行人劝你不要干时，你要更用心去干。
内行人劝外行人不要涉足某个领域时，也有很多内行人怕自己的利益受到威胁。我来北京的第二年在一家小广告公司做创意总监，主要是写创意和策划方案。工作之余，我喜欢去后期机房学习使用相关软件。在那个年代，剪辑设备高不可攀，当我去学习时，就有平时关系不错的同事假装忧虑地告诉我："这个机器很贵的，你别摸。哎呀，学后期特效很无聊啊。你都学会了，也就没我们什么事了。"我对这些话过耳不过心，仍然用心学习后期制作，这才为我如今的成就打下了牢固的基础。

不配低调

现在不会作秀，还保持低调，是真的不行。

我们的生活，早已被无尽的"秀场"包围：你的同事在朋友圈"秀"出了刚买的露营装备，仿佛每一次户外活动都是他对生活品质的追求；你的亲戚在家庭群"秀"出了重点大学的录取通知书，象征着孩子成为人中龙凤；你的表妹"秀"出了刚交的男朋友，笑容里透露着青春的甜蜜与期待；你的老板"秀"出了新车的完税证明，透露着他的财富又上了一个台阶；你的兄弟"秀"出了刚刚搬运的金句，表达出一个愤世嫉俗的人才是极致的浪漫主义者……那些频繁"秀"出生活的人，或许只是选择了他们想要展示的一面，而并非生活的全貌。但是，你要学会"秀"这些。

有的人粉丝还没有一百个，就将账号设为私密账号，朋友圈设为最近三天可见，我特别不理解，你到底做了什么不可告人的事怕别人看见？

你看看那些有名的人物，搜索时第一个蹦出来的大多是负面的词条。

你搜"金枪大叔",可能第一个出现的关键词就是"人设崩塌"。媒体会撒谎,但是搜索记录是不会撒谎的,老百姓想看什么,在搜索记录里一清二楚。

高调且敢于"秀"出自己,是流媒体赋予每一个穷人的翻身机会。

出名就是对穷人的奖励,低调那是富人的专利。
要么你挣够钱"上岸"了,要么你钱来得不干净,你一个什么都没有的人,与其说是低调,不如说是怂。

"指鹿为马"

将错就错,是在争议之中绽放的流量之花。

人们喜欢你,不是因为你一帆风顺,而是因为你跟错人、嫁错人、站错队、做错事。人性的基因里有自私的一面,就是喜欢看别人失败和痛苦。

当你在社交媒体上发布一条关于某个品牌的看法时,如果你只是简单地赞美或批评,那么很可能只会引起少数人的共鸣。可是那些在互联网上敢于"指鹿为马"、将错就错的人,往往能够吸引大量的关注和流量。

比如,你在拍视频的时候,拿着一款相机说这是徕卡相机,这样肯定没有流量,但如果你说这不就是哈苏相机吗?马上就会有人说你连徕卡都不认识,引起了争议,这就是"指鹿为马",这就是流量。

在生活中,"指鹿为马"肯定不是好事,但是做个人品牌时,"指鹿为马"是一个非常厉害的流量技术。因为互联网中的"杠精"太多了,你一定要利用好他们。用户在"杠"的时候花费时间最多,点一个赞只要1秒,但发一条评论至少要30秒,"杠"起来有可能就需要10分钟了。如果"杠"得不好,用户有可能一宿都睡不好。"杠精"的脑子是一根筋的,如果你不向他们提供素材,让他们去"杠",那你怎么能火呢?

反感情绪

反感,是这个世界上最值钱的一种情绪。

回想一下,你记得自己小时候最讨厌的老师、最讨厌的同学、最讨厌的竞争对手,因为你对他们产生了强烈的反感情绪,这让你刻骨铭心地记了一辈子。

流量的来源只有两种情绪:一种是喜欢,另一种是反感。
喜欢来自欣赏,而反感来自"羡慕嫉妒恨"。
做到让人喜欢,难度非常大。与喜欢相比,反感情绪更容易被激发和传播。因为人们往往更愿意表达自己的不满和愤怒,而不是去赞美和表扬。

在生活中,你的很多反感情绪已经不知不觉被人利用了。

你因为反感男人而选择了女人,因为反感一个邻居而选择了另一个邻居,因为反感碳排放而买了新能源汽车,因为反感收费而选择了免费……人们因为反感而愤怒，因为愤怒而表达，而你的表达就变成了可以被人商业利用的大数据。

一把钥匙只能开一把锁，再好的观点也只能有一部分人喜欢，而其他的都是漠视和反感。
如果你的观点不能引起反感，那你这个 IP 肯定要完了。很多艺术家、演员，一辈子最怕的就是无人讨论，因为激不起喜爱，也惹不了争议，那就说明他们一辈子可能白混了。某些出售杀毒软件的公司会自己制造一些电脑病毒，再进行"修补"，营造了科技先锋的感觉。还有很多艺人经纪公司在宣发的时候会刻意炮制一些负面新闻，大家一讨论就给自己的艺人带来流量了。

每当我的自媒体账号评论区一片和谐、一片表扬之声的时候，我都非常害怕，因为这样下去，我感觉自己马上就过气了。

看待对手

最能放大你的天赋的人，是你的对手。
绝大部分人低估了自己的能力和价值，因为我们中国人习惯低调含蓄，遇到麻烦有时候还喜欢和稀泥。

如何打开人的隐藏天赋，实现人生"开挂"？有一点特别重要，即你很难从对手的判断中得出对你有益的结论。一个最简单的办法就是用辩证的思维方式看待对手的观点。
对手看你往往带着主观偏见，无论对方说什么，你都反着想就对了。
真正的对手反而最懂你。

对手说你行业"内卷"，他的潜台词很有可能是利润其实分配完了，不希望别人再进来分配利润。

对手说你太低级了，反过来说就是你的成本控制得好，抢占了他的市场份额。

对手说你"割韭菜",其实就是说他弯不下腰,没有办法摸清楚最底层的业态,不懂群众心声。

同行说你涉嫌违反《广告法》,其实就是你已经快长成一只巨兽,他现在不掐死你的话,晚一点就来不及了。

所以说正确认识对手的观点比你自己瞎动有效得多。越是高手,越珍惜对手。
我个人最大的进步,就是被对手逼着从文艺青年变成了账房先生。

说一句题外话,对快死的老对手,是踩一脚还是拉一把?

过敏体质

除了让用户喜欢，让用户难受也是一种非常高明的技术，所以一定要诱发用户的过敏反应。

一到春节，我的过敏反应就十分严重，尤其是刮大风的时候。北京一刮大风，就像有个快递员把内蒙古的蒿类植物的过敏源带过来了，让人特别难受。

做内容也是这样的，一部 120 分钟的电影一定会让你难受 110 分钟，让你为主角的受阻、受屈而担心。最后他翻盘了，打败了敌人，爽一下子也就 5 分钟。但是如果没有前面 110 分钟的铺垫，这部电影就不带劲。

人家要对你的受挫、受虐感同身受，一旦你翻盘了，故事就失去价值了。

在全职宝妈们的视频里，没有轻松的笑容，只有真实的奋斗和挣扎，但正是这种真实让人忍不住点赞，因为大家都能感受到那份不易。

很多人为啥火？因为他们懂你！有些事情是不能单纯用金钱来衡量的，真实的故事有时候一遍就让人记住了。

人类对痛苦的敏感要远远大于喜悦。
喜悦是消费主义，而难受是参与主义。

别人买单的理由越来越少，是因为你营造的痛感越来越弱。创作就像炒菜，要加点麻、加点辣，才能让人回味无穷。

心理暗示

为什么"杯杯先敬有钱人"呢？

几乎所有的古典消费品都在围绕"有实力"创作广告语。**而"有实力"是一种很重要的心理暗示，这不仅是一种营销策略，还是对我们深层次心理的精准把握。它利用了我们对成功、地位和财富的向往，激发了消费者的购买欲望。**

毕竟大多数人认为财富和地位是成功的象征。在社交场合中，人们更倾向于向有钱人敬酒、示好，求得大哥的认可和赏识。

这种心理暗示，在消费文化中无处不在。从豪华轿车到高端手表，从没有商标的夹克衫到奢侈品，这些品牌都在向消费者传递一种信息：拥有这些产品，就意味着你拥有了实力、地位和财富。很多博主坐在星空顶的豪车里直播，还有很多名媛在古典园林里分享美好生活，人家对自己的身价没有解释一个字，但你就是感受到了实力。

很多大牌网络红人其实就是短视频时代的明星,他们的商业价值不比传统的明星低。

在某种程度上,如今的账号粉丝量也是一个老板混得好不好的标志。粉丝量多的老板,在拓展业务方面确实有更大的优势,人家会认为你善于接受新事物,容易沟通。你的业务多了,是不是会更有实力?

高级动物

人总说自己是智慧的化身，但说实话，人的骨子里都有那么点兽性。

人类，其实就是进化得更高级、更会玩的动物！

进了商业这片大森林，人类的兽性更是暴露无遗！这里可没温情脉脉，都是拼实力、抢地盘的戏码！

每个人都像猛兽，随时准备出击，抓住每一个赚钱的机会。

强调兽性的品牌，更值钱。比如，百万级的品牌，都是采用了跃马、狮子、豹等形象，而花花草草的温情形象，只能用在千元以下的日用品里。

你学会了包装，就等于学会了掌握主动。

高手会把这些原始欲望包装得"高大上"：把获取资源包装成金融策略，把财富包装成运气。

缩小包围圈，你可以把自己人包装成战略合作伙伴，把对手包装成友商。当别人质疑你的时候，使用一个更高级的词来包装自己，而用一个更低级的词来包装你的对手。

人性有光辉的一面，也有阴暗的一面，当不被制约的利益大到一定程度，人性阴暗的一面就会被诱发。而真正的智慧，是在兽性和人性间找平衡。

"话题女王"

在你身上投射的"羡慕嫉妒恨"全是商业机会。
能够引起人们的关注度和话题度，就意味着流量和影响力。

讨好型人格是没有流量的。"拔情绝爱"的女人，破圈的可能性就大多了。你每抛出一个"瓜"，"吃瓜群众"就得到了话题，参与的人越多，你得到的流量红利就越多。

有人骂你虚荣，那是因为你懂得赞美自己。在竞争激烈的商业环境中，自我推销和自我包装是必备的技能。

有人骂你风骚，那是因为你风情万种。风骚并不仅指外貌上的美丽，潜台词是对你内在魅力和气质的认可。

有人骂你不择手段，那是因为你智商在线，懂得如何运用自己的智商和策略在竞争激烈的环境中脱颖而出。

"话题女王"身上的"羡慕嫉妒恨"正是成功的催化剂，人们不会嚼着舌根子去骂一个平庸的女人，只会匍匐在你的话题之下。

田忌赛马

为什么有些短视频里的产品总是那么吸引人？
秘诀就在于"对比式卖货"！
只要掌握了这一招，学会了这一点，你的短视频素材将会无限。

特别是做实体行业的朋友，如果你还在为短视频素材发愁，那就从对比开始吧！想象一下，你自豪地说"我家的洗脚水都可以喝！"或者"我家的歌手皮肤白得发亮！"，是不是感觉特别抓人眼球？再如，"我家的包子皮薄馅足，一口咬下去，满嘴的幸福感"，还有"我家的铝材，那可不是一般的铝材，比别家的更结实、更耐用"。

为啥对比这么有效呢？想想看，我们从小就被各种对比包围着："别人家的孩子怎么就那么优秀呢？""别人的车看着就比你的高级！""看看人家媳妇，多漂亮！""看看人家老公，多会挣钱！"这些对比让我们既感到有压力，又充满期待。

所以，一旦看到对比，我们的神经就会像条件反射般立刻振奋起来，耳朵竖得像天线，眼睛瞪得像铜铃，生怕错过任何细节！

"吃瓜群众"的嘴巴都闭不住，出来说两句，流量不就来了吗？乔布斯不也经常用这一招吗？M2 的性能比 M1 的提高了 20%，这台手机比上一代轻了 20 克。

切记，对比的分寸和把握是艺术，不要露出对方的品牌，不要拉踩，否则轻则限流，重则封号，那样就得不偿失了。

个性鲜明

做个人品牌最大的忌讳就是中正平和、左右逢源。
人一旦上了年纪,就特别容易谁都不得罪,说话滴水不漏,这样的人做个人品牌是没戏的。因为你是做人,不是做机器人。一个行为和观念上的墙头草,在两边都不会受欢迎。

一个独特的个人品牌,要敢于表达自己的观点和立场。
一个没有鲜明个性和立场的个人品牌,就像一杯白开水,虽然无害,但对用户来说也没有任何吸引力。既然已经做了泥鳅,你就不要怕被稀泥糊住眼睛。

例如,在现实生活中,一旦你跟了一个人,那你就不能叛变。他行,你得跟着;他不行,你也得跟着。一个既要又要还要的人,想顾头也顾腚的人,结局有很大概率不会太好。
在个人品牌的塑造中,这种坚持同样重要。只有被 99% 的人嘲笑过的梦想,才能谈 1% 的成功。很多人的"自己的关键词",一开始都一片祥和,不愿意呈现自己的弯路和失败,伪装得形势大好,但是这样会没人看。后来人开始变得真诚了，把自己的心酸都展现出来，基本上全是"事故"。很多人欣赏你，就是因为你挣的是勇敢的钱，你没有模仿生活，你在创造一个响亮的个人品牌，这样的你反而变成了县城里几千个店铺的坐标。

在一座小城里，有两种水果店的生意是最好的，一种是价格最便宜的，一大早就搞低价促销，很多人来疯抢，这种水果店挣的是积少成多的辛苦钱；另一种是价格最贵的，满足很多客户高端送礼的需求，讲究的是品种的"新""奇""特"，人们会因为贵而指名购买。竞争压力最大的，就是那种试图在各个方面讨好别人的人，但这样的人往往两边都不讨好，在哪个阵营都不会受欢迎。

这个世界上，99% 的普通人是迷茫的，而这个世界是属于个性鲜明的人的。

我自认为没有聪明才智管好一个大公司，所以和合伙人 BOBO 商定要做一个中国最好的小公司。牛皮这样吹出去了，那我们就得变得更加个性鲜明：人员最少，策划最好，配套资源最强大，友军最多……就是一定要把所有的事情做到最细致，做到无懈可击，只有这样，我们这个小公司才能够生存得好。

我们经常不被其他人理解，甚至会遭受质疑和攻击，但我们坚定地追求自己的目标。

在如今的短视频时代、流量时代，很多企业是被迫给"平台"打工的，只有偏执一点才能生存，才不会被平台牵着鼻子走。

高端诱惑

高端品牌在卖什么神秘"迷药"？为什么人们总是鬼使神差地"上当"？

第一，收保护费。
从荷兰的海盗时代到英国的炮舰政策，再到如今美国的全球驻军，以及高通的芯片专利费，它们都在玩同一套把戏——收保护费。这钱，永远不会消失，只是换了个马甲。

第二，卖门票。
看看阿姆斯特丹的凡·高美术馆门票，只要花两三百，你就能与大师近距离接触。政府什么事都没有做，就"收割"了全球的文艺青年。

第三，卖"迷药"。
好莱坞有娱乐"迷药"，欧美有民主"迷药"，法国有自由"迷药"。奢侈品，不过是挂了时尚的外衣卖权威"迷药"。人们在权威面前不可能保持清醒，如果还清醒，那说明诱惑不够大。

看透朋友，看透关系，看透观众，看透社会，
是一个凡人变成主角的自我修养。

看了，
通了，透了

PART

4

导言

商业的底层是利益,
利益的底层是承诺,
承诺的底层是呈现,
呈现的底层是技术,
技术的底层是共鸣,
共鸣的底层是提炼,
提炼的底层是认知,
认知的底层是阅历,
阅历的底层是学费,
学费的底层是人性。

小聪明，抓技巧。

大聪明，抓人性。

免费攻击

免费，进入新领域的超级大杀器。

我给你免费出创意，让你瞧瞧我是啥水平。你喜欢，我就留下；不喜欢，我转身就走！

猜猜我是怎么当上广告导演的？2003年"非典"时期，我还在北京的一家公司做总监，但是心早就被导演梦勾走了。当时人们都待在家里，公司也很难正常开展业务，我闲得没事就拿起电话簿，给认识的老板们打电话："我免费给你们写广告策划提案，还配送我画的分镜脚本，你们在提案阶段可以不花一分钱。但是，如果提案通过了，我要做这个项目的导演。"就这么简单，我硬是靠这样做闯出了一条路。

"非典"结束，我的免费提案纷纷开花结果，不少老板给了我机会。就这样，我在北京站稳了脚跟，当上了正儿八经的导演！

二十年过去了，我拍腻了各种广告大片，就和BOBO一起创办了"红制作"，把"红制作"做到了策划类公司的头部。现在，我又转战短视频赛道，把短视频账号生生玩出了几百万粉丝。

短视频这个载体，太讲究草根性和故事性了。我研究了半年，成为知名的短视频博主"金枪大叔"。而且，我总结的短视频成功秘诀，全部免费分享给大家！不收一分钱，只求大家能学到真东西。

不谈钱，就没有道德压力和交付压力，更能心无旁骛地做好免费扶持的教学工作。信任我、欣赏我的新创业者更多了，他们的成长经历，他们在全国天南地北的各种创业状态，他们对营销的看法，也丰富了我的视野，让我获得了珍贵的第一手材料。彼此的免费互动，反而让大家做短视频的能力更强了。

我喜欢看书，但是从来没想过自己写书。一是自己平时很忙，没有这个心思；二是我自己的知识虽然有用，经常在抖音里发视频，在朋友圈里写关于品牌和营销的看法，但我总觉得自己的知识还不够成系统，对写成书，我没有把握。

2021年，我在抖音上已经成为百万粉丝博主，这个时候，出版界的编辑开始主动找上门来了。

编辑找我出第一本书《借势》的时候，我问她："要交钱吗？"
她说："免费做。"
其实我知道，一家出版公司要出一本书，投入的策划力量、人力、编稿的时间精力，都是很大的成本，但从她主动的免费中，我看到了诚意，也看到了当年的自己。

我立刻被她征服了，免费，这不就是最好的竞争武器吗？

后来，《借势》一炮而红，成为畅销书，我这本书的编辑也一跃成了出版界的王牌编辑。

做买卖也是如此，为什么电商平台让你"薅羊毛"，给你各种返券、补贴？本来平凡的日子，平台还创造出"618""双11"，就是要创造让别人"薅羊毛"的机会。

因为免费就是最高级的策略。
因为免费，别人不能对你要求什么，所以免费是道德的制高点啊！

利益，不只是金钱的堆砌。免费，其实是为你积攒影响力，这种影响力，比金钱更加珍贵。

《资本论》里面讲金钱是劳动力的总和，劳动是时间的总和，那么信任的影响力也是货币，免费其实是一种非常高级的货币。

为什么说中国是人情社会？不就是因为大家愿意为了彼此，付出那份不求回报的"免费"吗？

制造铺垫

在感情的世界里,女追男追求的是确定性,这也是个人品牌养成的逻辑。

为什么男的追女的一般是送花,而女的追男的一般是借书?
因为借书的追求成功率可比送花高多了。

这是为什么?
这就是传播学的逻辑铺垫,有借有还,这就为第二次、第三次的接触创造了自然而然的理由,就像电视连续剧一样。
我以前在公路局协助拆迁工作时,遇到"钉子户"是怎么办的呢?
我天天帮老太太买菜,帮大爷搬运煤气罐,漏雨了就马上去帮人家修屋顶。无数次的小铺垫,慢慢形成了小认同,后来变成扎扎实实的感动。很多人拿着政策冷冰冰地对待群众,没有重视铺垫的过程,导致做事没有章法,最后的结果就是拖得久、效率慢,领导和群众都不满意。

这种策略在打造个人品牌中同样适用。你想要把流量做大，把形象建立好，也要做成电视连续剧的感觉，要有耐心、有策略地输出，才会增加认同感。

每天更新一点内容，每天新看我主页的粉丝就可能会把我的三十条视频看一遍，他只要看一遍，我就多了三十个播放量。

做个人品牌一定要有耐心，因为玩的不是爆发性，而是必然性，要持续、稳定地积累。
就像我制作的三十条视频，成本还没有人家制作一条视频的高，但这些视频的累积效应却非常显著。通过这种方式涨粉，我也不觉得费力。

每天更新一条，今天的铺垫就是为了明天的接触。

直击心坎

你想不想知道怎么用一招一式就能让传统行业的老板心服口服？

我给你讲讲直击心坎的精髓。

第一招：权威解读。
想让老板们心动？那你得把话题提到战略高度，他们谈生存，你就谈发展；他们谈发展，你就谈长远规划。这些老板心里都有点怕，担心自己跟不上时代的步伐。这时候，你就得拿出对经济形势的解读、对政策走向的预测，还有那些传说中的"内部消息"，给他们来个"震撼弹"，让他们觉得你真有远见。

第二招：学贯东西。
别小看那些国学经典和哲学理论。你随便引经据典，如《孙子兵法》，道、法、儒家，黑格尔，最好加上人工智能，他们可能听不懂，但一定会觉得你好有深度。这就是敬畏的开始。

第三招：稳定为王。

传统行业的老板手里的钱都是辛辛苦苦赚来的，最怕的就是失去。这时候，你就得强调稳定的重要性，向他们描绘一下潜在的危机和损失，让他们觉得得听你的，不然就有出局的风险。

第四招：时间的朋友。

电商公司签约了，主播也到位了，坑位费都交了，投流也做了，直播间却吸引不了几个人。这时候，你就得成为"时间的朋友"，告诉他们："别急别急，这是长期投资，需要时间的积累。"即使最后效果不理想，他们也不会怪你，因为你已经给他们打了"预防针"。

这四招看似简单，但需要"土洋结合"，切合权威性和时代性。掌握了这些，你就能在"拿捏"传统行业老板的路上畅通无阻了。

繁文缛节

做欧洲人的顾客爽吗？我告诉你，非常爽。

我最讨厌西餐的繁文缛节，七道菜一道一道上，吃完4小时过去了，简直就是在浪费生命。

那次在瑞士的皮拉图斯山顶，我直接对服务员说："兄弟，你就别一道一道上了，七道菜一起上，我赶时间！"他一脸蒙地看着我，问我急什么。我淡定地告诉他："1小时后，我的直升机会来接我。"他的眼睛瞪得像铜铃："Really（真的）？"我点点头，霸气地说："我付的钱，我就是老板，你按我的规矩来！"
果然，15分钟后，七道菜上齐了，我们花半小时吃完，扬长而去。

当年的欧洲"老钱"把吃西餐的这套繁文缛节带到了非洲，你在非洲打完猎以后，服务员就铺开桌布给你上红酒。欧洲"老钱"还把这套习俗带到了堪察加半岛，俄罗斯的勘察加老猎手也得这么伺候。英国的探险家打完猎，漂流完以后铺开餐布，仪式感足足的。

现在你知道为什么老上海的服务员素质高了吧？那就是人家用钱调教出来的。

欧洲"老钱"的这种做法，其实就是用一种仪式来控制人的心智，"新钱"想要打破"老钱"的布局，就得掀他的桌子。

一件好事

现在是流量时代,流行"人设"。
但我有点反感"人设"这个词,因为我们不是数据,不是被设计出来的假象。
但人设在生活中是存在的。
比如,你是"老实人",她是"小透明",他是"大善人",他是"学霸"……

在什么山唱什么歌,在获取流量的初级阶段,生活不易,装疯卖傻、指桑骂槐、阴阳怪气,靠戏剧性抓人眼球是一种战术选择,是一种对生活的妥协。

随着时间的推移,在获取流量的高级阶段,我们就不能这么玩了,因为用户会对低端噱头产生审美疲劳,而且对你的价值观有要求了,你得做一件好事,一件不行就两件,两件不行就三件。这类似于古时候富裕的人主动去修桥补路。

在互联网上，嘴巴可以欠，但手不能贱，做坏事就更糟了。
就像暴力地撕开女孩子衣裳是犯罪，但是暖风吹来，人家是会主动脱去厚衣服的。

炫富行不行？不行。在互联网上炫富的人，不会是真富，而且只会得到嫉妒和忌恨。从某种程度上来说，炫富也是低端人设。低端人设走不长远，人设的高级境界是不求回报地做好事，很多人就是这么成功的，你们自己对号入座。

双面人格

千万不要相信女孩子说的"鬼话"。

来聊聊女性的那些"言不由衷"吧！在爱情和购物的战场上，她们总是让人捉摸不透。

你问她们愿意掏 3000 块买大牌产品还是花 300 块买平价替代品，她们肯定异口同声地告诉你："大牌！必须是大牌！"

可是一到结账的时候，那 300 块的平价替代品就悄悄进了购物车。

她们说的"不要"可能是"想要"，这就是女孩子的双面人格。

电影里那些美丽又神秘的女特务，只有呈现出人性的复杂程度，才会让观众又爱又恨。

打动女孩子的办法就是把她们内心的欲望赤裸裸地说出来，让她们觉得自己被"戳中"了，这样才能让女孩子深刻地记住你的产品，产生下意识的购买行为。

年轻的时候就是因为不懂这个，导致我二十五岁还单身。

但是你和爱美的女孩结婚后会发现，平日里她们也是素面朝天，美人也会放屁。

从女孩到妈妈,她们再也不在深夜追剧了,曾经弱不禁风,如今熟练地单手抱娃。

每个女人都是妈妈,是一家之主,更是闪闪发光的女性。

大佬的烦恼

实现财富自由，听起来风光无限，但大佬们在背后也有三大烦恼。

第一，怕财富贬值。
这年头，谁的钱都不是大风刮来的。因为大佬们怕手里的钱贬值，所以有很多真假难辨的产品是围绕他们去设计的。比特币收割多印出来的美元，而信托收割他们的财富。

第二，怕身体太软。
大佬们都知道身体是革命的本钱，所以各种保健品和健身产品就成了他们的心头好。

第三，怕脑袋空虚。
毕竟是坐着时代的火箭上来的，大多数人脑子里没啥干货。于是，国学金句就成了他们武装自己的最佳选择，因为不容易被质疑。相比晦涩难懂的西方哲学史，国学更容易上手，所以这些实现财富自由的大佬，必然会为了充实自己的大脑而付出学费。

他们的时间宝贵，但他们分不清哪个最好，那就选最贵的、最出名的。
所以，只要你的产品做得足够高端，足够有品质，就能从他们那里分得一杯羹！
大佬交的学费，就是你的利润。

中产之利

中产的兜是最好掏的,因为他们受教育程度虽然不低,但他们是最"吃"概念的一群人,就像蜜蜂见到花蜜一样,完全停不下来!

你只要创造出一个陌生的概念,如曾经俗套的"小布尔乔亚精神",或者整点新古典极简主义、民主设计,随便编一个出来,然后营造出一种流行的趋势,他们有很大概率会买单。

另外,中产阶级的人有文化,有一点钱,还焦虑,他们脑海中的上流社会就是骑马、打网球、弹钢琴,所以这些都得来一套。

而低收入者完全不会考虑这些,每天都在为了吃饭而忙碌,哪有时间去搞这些闲情逸致的事?

而更高收入者完全摆脱了这种功利性的、为身份焦虑买单的冲动,变成了一个彻彻底底的现实主义者。

所以，想要赚钱，你就得多琢磨琢磨中产阶级的心理。赚的比普通人多，花的和有钱人差不多，孩子念国际学校、贷款住大平层房子、搞全职带娃，这都是消费主义陷阱和标签。

全面收割

你们知道向下收割和向上收割有什么不同吗?

很多人就是没有明白其中的道理,只知傻干蛮干,一辈子碌碌无为。

向下收割,重要的是把简单的问题复杂化,搞得云山雾罩的,然后无限展开。

你看有些学者就很擅长干这个。一个简单的问题,就像一小块面团,他们能把它像发面馒头一样撑得又复杂又冗长,却迟迟不给出明确的答案。他们不说假话也不说真话,这样模棱两可的,最好反复向下收割,出了问题他们不负责任,而出了结果都是他们的功劳。

再说说向上收割,这可是高手的玩法。最重要的有三点:

第一,要简单。
要把复杂的问题简单化。大佬没时间听你长篇大论,你直接给他答案就行。

第二,直接。

干酒、干饭、干事,毫不含糊。

第三,忠诚大于能力。

就像大佬的司机,忠诚度高,成功率也高。这就是向上收割的精髓。

慢就是快

短视频自媒体的江湖可不小!

一般人闯荡进来，都得经历三重关卡：

第一重关卡是自恋。

觉得自己的观点最重要，甚至名字旁边还写着首播日期，呕心沥血地表达自己，没想到一点流量都没有，没坚持几个回合就败下阵来，这是大部分人的命运。

第二重关卡是自毁。

有一小部分人发现表达自我没有流量，就开始进入第二重关卡——自毁关。

他们完全放弃自我，一心钻研观众爱看什么，蹭热点、借IP、搞笑、做反差、搞剧情，借势玩得明明白白，流量也就接住了。

第三重关卡是持续。

这个时候产生分野，有的人只想捞一把就走，结果导致动作变形，很快就被封号。而那些真正想做个人品牌的，他们不声嘶力竭地逼单，也不养着一大帮人，而是稳扎稳打，构建自己的流量池。

如何检验你的个人品牌养成了没有呢？
方法很简单，就是你随便发一个日常视频也会有流量，有几千赞、上万赞。到这个时候，你就不用逼单，也不用催单，橱窗里每天卖出去的东西都够养活一家人了。

做品牌就是刚开始累，起盘慢，但后面快，可以达到躺着挣钱的境界，没到过这个高度的人理解不了。

"慢就是快"，在短视频这个江湖里，只要你熬过了前面的苦，后面的甜就会源源不断地来。

运用杠杆

世界是由故事组成的。

故事让我们的经验成形,故事让我们拥有了家庭和爱。没有故事,所有发生过的事情都会四处飘散。在故事的世界里,每一个元素都是被精心雕琢的杠杆,以微小的力量撬动着观众的情感与认知的巨轮。

我为大家介绍一组神奇的杠杆:大脑墙,金句钉,共鸣网,利他金。

第一,大脑墙。

每个人的内心深处都有一道隐形的防线,我们称为"大脑墙"。这道墙守护着人们的思想、信仰和价值观,也阻挡着外界信息的随意侵入。这道墙为我们提供了机遇,墙越厚,机会越大。

第二,金句钉。

精练而扎心的语句,就如同锋利的钉子,洞察人心,能够穿透人们的"大脑墙"。金句具有穿透时间的力量,如《诗经》收录的"关关雎鸠,在河之洲。窈窕淑女,君子好逑",已经流传两三千年了。

第三,共鸣网。
人终其一生都在挣脱和创造一张网。网是工具,是蜂巢,是汇聚的能量,是算力,也是势力范围。平台是一张网,社区是一张网,你的人脉、客户、社交关系也是一张网。你是不是想成为"织网人"?这就是"共鸣网"。

第四,利他金。
如果想要让这张"共鸣网"持续扩张并发挥更大的作用,还需要引入"利他金"的概念。
稻盛和夫说过,一切成功,都归结于利他之心。"利他"并非讨好,并非简单地给予,只有接纳利己,才能坦然利他。你利他了,你会获得更大的幸福感,也就在无形中用最小的代价撬动了最大的流量。

我一直用利他的心态去分享内容,这样做不仅吸引了更多人的关注和支持,还让别人感受到了真诚和善意。我教一些朋友做短视频,研究店铺运营和流量的打法,都是免费的。我的知识免费,我获得的关注和"共鸣",也不断扩张和深化。
有研究者发现,婴儿已经能够帮助和安慰正在遭受痛苦的人。这说明了人类的利他行为,是刻在骨子里的天赋。
利他是我们每个人的天赋,利他是最大的杠杆。

盲人识字

想要盲人识字,一定要站在盲人的角度思考。

如果你是一个盲人,突然有一天有人教你识字,你会怎么想?所以想要盲人识字,肯定得站在盲人的角度去思考。

说到钱,500 万一单多吗?对兜里只有 50 万的人来说,那简直是天文数字,但是对兜里有 50 亿的人来说,那可能就是个小数目。所以,跟不同层次的人聊天,得聊他们关心的话题。

对只有 10 万的人,你必须跟他谈安全,因为他承受不起失败的代价。

对有 100 万的人,你必须跟他谈圈层,跟他谈格局。

对有 1000 万的人,你要跟他谈杠杆,放大收益。

对有 1 亿的人,你要跟他谈资金的使用效率。

对有 10 亿的人,你要跟他谈传承。

对有 100 亿的人,你要跟他谈安全。

其实，在更高维度的人眼里，我们可能都是"韭菜"。每个英雄都有被割的命运，但关键是我们得知道自己在挣谁的钱，在被谁割。这样出发前想清楚了，结局时我们也就不会那么痛苦。

做个人品牌类似于教盲人识字，第一要转化文字的表现形式，第二要学会用盲人的思维去思考。
一旦视觉被屏蔽了，其他感觉就被放大了。

上行下效的传播方式，在我们这里肯定行不通，历史已经数次证明了这一点。"上行"极容易变成自我感动，想要"下效"必须极大地降低认知门槛、执行门槛，扩大收益承诺，不要跟饭都没有吃饱的人谈心灵成长，那样你的企业会死得很惨。

先来后到

想当年，广东顺德的生意非常好做，大家做得风生水起，赚钱如流水！

我有个师兄在 1993 年去顺德闯荡，等我 1995 年从师范美术专业毕业的时候，他已经是当地包装设计界的"一哥"了，专门给油漆罐做包装设计。

那时候的顺德富豪都是"泥腿子"出身，但一个个都财大气粗的。他们挽着裤腿，穿着拖鞋，提着 20 万现金就往我师兄面前摔，想在他那儿买一套包装设计，然后贴在自己的油漆罐子上。那流水线就像印钞机一样，油漆桶一滚就是一桶现金。

我看他每天不睡觉，咔咔就是干设计，我就像个傻子一样问他是怎么管理客户的。他说："我哪有空想那么多？我就干当天的急事，哪个客户催得紧，我就先做哪个。"我当时觉得他是疯了，还问他有没有计划。他笑着说："计划？我不需要计划，我就做最要紧的事。先来后到。"

自此以后，我就学他，只做眼前最紧急的事，不操那么多心。我因此变成了一个幸福感很强的人。肚子饿了就去吃饭，病了就去医院，想孩子了就回家，我想买啥就买啥。等到有一天我躺在手术台上的时候，我仍然为我师兄的这些话拍案叫绝。

计划就是留给遗憾的，如果你连手头的事都没干好，那么下一件事也一定干不好。永远不要把希望寄托在下一件事上。

跟对大哥

如何翻身？
跟着一个好大哥真的能让你少走很多弯路。
北漂时，加起来我其实是打了一年多的工，后来就自己创业了。其间，我在大哥程工那里干得最长，约八个月。程工，就是一个纯正的文艺青年，正宗的北京孩子，有绝对单纯、绝对任性、绝对自负三大缺点，这三大缺点却是他成为"大哥"的三大优点。

第一，绝对单纯。
这里说的"绝对单纯"，是指单纯地以作品为中心。创意工作者多少有点社交障碍，他说把作品做好了，就不用请客送礼了，也不用返点了。在那个年代，电视台是绝对强势的媒体，是坐着赚钱的金饭碗，电视台的人属于天之骄子，起码有八百个心眼子，搞创意的人哪里玩得过他们呀？现在在自媒体嗷嗷叫的，很多不都是电视台出身的人吗？那会儿大哥把全世界的电视包装设计大奖拿了个遍，客户得排队，他一直忙不过来。
成立公司以后，我就以大哥为蓝本，苦心攒了十年作品，什么请客吃饭、返点都不干，好作品就能利滚利，客户排着队，单子做都做不完。

第二，绝对任性。
当时，他每天包员工两顿饭，"非典"时期，不拖欠每个人工资，不上班也照发。当时我生存挺困难的，连坐1块钱的公交车都得算计费用，碰到一个一天管两顿饭的老板，你不知道我一个从小镇来北京的青年是多么开心。后来我自己成立公司就以程工为模板，一天包员工两顿饭，"新冠"疫情三年的特殊时期，没有少过员工一分钱工资。

第三，绝对自负。
他挑着客户做，导致作品越来越"阳春白雪"，脱离了主流客户的审美，活生生地把一个两百人的公司干到了只有四五个人，他从此就不干广告了。用他自己的话说，公司虽然小，但是纯粹的自己更开心了，因为不用伺候别人了。

我就照葫芦画瓢，把自己的公司控制在七个人的规模。后来程工做成了很多有名的纪录片，如《舌尖上的中国》（第一季 第一集）、《进藏》（第一部和第二部）、《生活万岁》等。

程工有句话说得非常好：

"这个世界那么大，你不可能讨所有人喜欢，只要有一部分人喜欢你，你的饭就足够吃了。"

货不对板

假如消费者是你的大哥,那么你该如何满足大哥的虚荣心呢?
既然是大哥,那他见过的世面肯定比你多,对人心看得比你透彻。
你就别玩虚的,不要浪费彼此的时间,消磨信任。

但是再牛的大哥,也是有虚荣心的。
低端大哥要的虚荣心就是被奉承,提供超出他们预期的服务。想象一下,你为大哥打好饭,递上干净的毛巾,放好纸和笔,泡好了 90 摄氏度的茶,做了市场分析,提供关键数据……他感受到的不仅是物质上的满足,还是一种被重视的体验。如果他的疑问你都能想在前面,给出不同的解决方案,那他不仅会信任你,还会依赖你。这时候,你的产品或服务,在他看来就是非买不可的必需品。

中端大哥要的是被赞美,人家已经解决了物质问题,需要解决的是精神问题。
赞美不仅是对他们物质成就的认可,还是对他们的智慧、能力、品位的肯定。赞美能让大哥感受到你的真诚和尊重，同时能帮助大哥向更高层级迈进。

而次顶级大哥想要的是歌颂，需要你具备深厚的文化底蕴和敏锐的洞察力，能够发现大哥内心的需求和渴望，用精练、深刻的语言来歌颂他们的伟大和贡献。面对这种大哥，你要加强自己的文化底子，要和他讲"道"，讲哲学，讲东西方文化。

当你把产品卖给了大哥，你就成了大哥的主角。

浮光掠影

有位先生说过，人物是螃蟹壳，人性是蟹黄。

精彩的广告语，就是清蒸蟹黄。

说到底，商战就是一场关于人性的战争。

谁的蟹黄肥，谁的螃蟹就卖得好！

《金刚经》讲："一切有为法，如梦幻泡影，如露亦如电，应作如是观。"

它讲的是啥呢？螃蟹的外壳，即那些外在的包装、宣传，都是瞬息万变的幻影，不值得过分在意。人们只记得蟹黄好吃。蟹黄好吃是有科学依据的，人们的饱食之欲、所需热量驱使肉体追逐蟹黄，蟹黄让人获取热量的路径变得更短，这是人懒惰的选择。

所以人性的一大内核，就是懒惰。

"找工作，我要和老板谈"这句广告语，不就是想让我们少走弯路，轻松搞定工作吗？

"只做妈妈不做饭"这句广告语，本质上是说家务活太累，要解放妈妈的时间。

心理学和哲学，都是人性的躯干，所谓广告学，只是人性的头皮屑，是浮光掠影而已。

想在商战中脱颖而出，那就得深入了解人性，把握人性欲望。让你的广告语成为那盘清蒸蟹黄，让人一吃难忘，回味无穷。

小是小非要尊重兽性，

大是大非要尊重理性，

而商业都是小是小非。

会哭的孩子有奶吃,
会哭的主角更"拿人"。

会哭的主角最动人

PART

5

导言

你是不是羞于谈论自己的挫折经历?

别怕,听听我的故事,也许你会发现,挫折其实是通往成功的必经之路。

出身贫寒。

我出身于一个普通的家庭,父亲是公路局的技术工人,那时单位的"一等公民"是双职工,指两口子都是拿稳定的国家工资的,而我母亲是农村的,在城里没有工作。我们家庭的情况在当时俗称"半边户",在单位属于"二等公民"。我们家五口人,基本上是靠父亲一个人的工资养活的。家庭情况确实糟糕,但是父母给了我们足够的爱,我的童年一直很快乐。

没有读大学。

我成了一名广告导演,创立了"红制作",帮助客户创作了很多轰动的经典案例,但你可能想不到,我没有读过大学。因为家庭经济困难,我选择了读中专,希望能早点工作,为家里分担,但这并没有让我停下追求梦想和成功的脚步。

盲目的北漂族。

带着对艺术的热爱,我踏上了北漂之路。起初,工作并不顺利,第一份工作三天就被炒了鱿鱼。大公司看不上我,我只能进入小广告公司,而我的朋友已经进了国际大广告公司。我的合伙人BOBO毕业于中央美院,一毕业就进了奥美广告公司,属于超级白领,我当时看着他每天去金宝街华丽大厦上班,心里超级羡慕。

作为北漂一族,我搬了十七次家。

北漂的我,当时开着一辆二手切诺基车,那是个"油老虎",每次加油我都舍不得加满,只能加50块钱的。

奥运会举办前夕,我已经积攒了几十万。媳妇以为跟着我终于"上岸"了,她看着我联系装修公司,满心欢喜。结果我不是去买房,而是拿这钱去开公司,装修办公室去了。这个时候就看出人生的分水岭了,在北京房价低的时候,我错过了买房的好时机。

人生的列车,这一错过就是十年。没有房的我,被丈母娘嫌弃,但媳妇坚定地选择我,和我在出租屋结婚。有一次,媳妇还怀着孕,我们却被房东赶了出去。

三十六岁才起盘。

北漂打工,后来创业十年,我始终没有太大太多的业务。虽然在三十出头时拍了一些不错的广告,也拍过一些业界叫好的长片,但是没有出圈,我一直混在主流导演的边缘。严格来讲,我当时能做到的，北京至少有一百个导演也能做到。我在蛰伏的阶段，做了一个类似刘备寻找诸葛亮的举动，忽悠已经成为"金领"的广告人、年薪百万的BOBO成为合伙人，我们一起开了一家公司，两个人在创意和视觉能力上强强联合，乱拳打死老师傅。果然，我们的"红制作"赶上了移动互联网的风口，接了小米、网易、乐视、BOSS直聘等很多企业的广告大片。我们的公司成了最红的广告策划公司。

三十九岁才有娃。
北漂生活充满不确定性，直到生活稳定，我们才考虑要孩子。三十九岁的我，虽然头发灰白，但精神奕奕。这灰白长发，反倒成了我的"信任标签"。试想，你敢把500万的广告策划、上亿的媒体投放交给一个愣头青小帅哥吗？有时候，沧桑也是一种资本。

北漂的归宿，竟是买了河北的房。
四十岁那年，我终于攒够了买房的钱，却发现我和媳妇都不满足北京的购房条件。无奈之下，我们只能转战廊坊，成了"河北人"。原本以为每天50分钟的车程会无聊透顶，却没想到在这里结识了一群超有趣的朋友。

换个角度，挫折也是成功的垫脚石。
因为出身于普通家庭，没有显赫的家庭背景，所以我从小就学会了拿得起、扛得住、放得下。没能上大学，只读过中专师范学校，这让我学会了如何调整自己的心态。我当过老师，在老家教孩子学画画时逐渐找到了自己的价值和意义。老师这份职业让我学会了共情和沟通，后来谈客户时，这些能力帮了我很大的忙。

在经营一家小公司的过程中，我学会了管理、定战略、与合作伙伴建立信任关系。我和BOBO的"红制作"，堪称国内最小的策划公司，但是我们对外的合作是非常繁杂的。最忙的时候，我们一周要飞到全球不同的国家去拍片，而且不论是冰岛的海面还是伦敦的写字楼，剧组都是几百人的庞大团队。我们虽然是七个人，但随时在调动数百人，等于一家中型企业。这些管理能力，是不可能有人教的，全靠自我觉醒。

在事业上升期，我没有选择买房，集中精力搞事业，没有背上房贷的压力，没有一个好的婚姻，是完不成这一点的。我媳妇说过："学会坦然接受自己的命运，实在不行，咱就回老家。"

这样，我们在廊坊买了第一套房，虽然离北京比较远，但是一家人生活得比较舒适，为我赢得了战略空间。媳妇安心地教育孩子，我心无旁骛地冲刺事业。在四十不惑的年龄，我终于把业务单价做到了业界顶级，一个案子500万起步。经过六年的努力，我终于实现了对媳妇的承诺——"北京别墅梦"！而她最初北漂的愿望，其实只是想有个几十平方米的家。

成功与失败,都取决于你的叙述角度。
在流媒体,人们更加热衷于讨论主人公的失败。马斯克"炸火箭"被人津津乐道,那个谁谁谁是个假富豪,谁谁谁人设崩塌了,崩盘了,跑路了,反而创造着巨大的流量。

所以,不必隐藏你的失败。失败,是你品牌故事的脊椎。

理性是痛苦的根源，

任性是幸福的开始。

一事无成

"一事无成"这个词听着就让人头疼,但你知道吗,这样的人其实有几个共同特点,且就在你身边转悠!

第一,错把平台当能力。
有些人满足于大平台,享受稳定和风光,过着表面光鲜的生活。这种"稳定"就像温水煮青蛙,你越舒服,就越容易被现实拿捏。年轻时追求大平台,年纪大了可能就会面临失业的风险。你的光鲜,都是平台给予的,离开了平台,社会还会认可你吗?

第二,崇拜权威。
有些人对所谓文化名人或权威人士深信不疑,如有人特别推崇《瓦尔登湖》的作者梭罗。很多人只是盲目崇拜,却忽略了梭罗其实是文化荒漠塑造出来的美式乡愁。盲目崇拜权威,只会让你成为文化荒漠中的盲目追随者。

第三，容易喊疼。

还有些人像"键盘吉娃娃"一样，遇事就会大喊求饶。挫折才是你的试金石，你不被浪涛狠狠拍打一下，永远不知道大海的力道；你不去深山，永远不会知道空气的甜。成功的人不一定比你小聪明多，但承受压力的能力肯定比你强。

第四，只说不做。

"一夜思量千百计，明朝依旧卖豆腐"，有些人总是空谈理想，却缺乏实际行动，永远停留在计划阶段，无法迈出实现目标的第一步。我有个朋友说做个人 IP 说了三年，到现在一个作品都不敢发。而我认识的一些小店主，他们没有太多文化，却敢打敢拼，成了本地的短视频红人。

第五，不断跳槽。

有些人在行业里不断跳槽，因为可以不断加薪。这样的人就像在高速公路上不断超车，看似抄了近道，实际上复盘来看，结果很令人扎心，没人觉得他靠谱，在关键的事情上，老板不会放心用他。

如果你们身边有这样的人，赶紧离他远点。

低维重复

很多人一辈子就跌在低水平重复上。
我很喜欢《肖申克的救赎》中的瑞德，他看起来神通广大，是个很胆大的人，实际上他与安迪不同，他选择的是被同化，日复一日地低维重复，委屈地过完这一生。

记得以前我还在事业单位上班，那里有个同事和我年龄相仿，是个很聪明的人，可能是单位下象棋最厉害的，号称"棋王"。他的工作就是挨家挨户送报纸，他从未意识到，这种日复一日的单调和重复，正在悄无声息地消磨他的能力和潜力。直到有一天，单位改制，他失去了工作，但啥也不会，只能去领低保。这就是低维重复的残酷现实——你在不知不觉中，失去了适应这个社会的能力。

这样的情况在社会中非常多，当时这样的清闲工作是个好差事，不用动脑子，工资并不少。但时代浪花拍过去后，自己才发现什么都不会。
别让低水平的重复把自己给淘汰了。比如，我们做营销，做个人品牌，当有一个人率先打出"快"这个点的时候，说自己干什么快，第一个尝试的人也许只需花 1000 万就能把这个概念炒火，但是第二个人再炒这个概念的时候，可能要花 1 亿，第三个炒这个概念的人就得花 5 亿了。

我有个客户叫团油，它的广告语原本是"加油，省大钱"。"省大钱"简单明了地传达了产品的利益点，但是用户对此毫无感觉，无法引起共鸣。
于是，我们把这个广告语进行创新，改成了"加油用团油，不当冤大头"，你是不是一下子就记住了？这句广告语不仅保留了省钱的信息点，还增加了情感价值，让消费者在记住产品的同时，感受到了品牌的温度和态度。

这个改变，让团油的用户在短短三个月内翻了 3 倍，达到了 5000 万用户。它的母公司也因此迅速崛起，不久后在纳斯达克成功上市。在这个基础上，你再去"通投拉满"（原为抖音巨量千川广告通投中的一种情况）搞重复就是有效的。

很多老板都迷恋于所谓"市场第一"，事实上，除了老板关心，没有人在乎产品是不是市场第一。低维度的人理解不了高维度的事。苹果从来不说自己是市场第一，但它用创新的产品和服务赢得了全球消费者的喜爱。环球影城和迪士尼从来不说自己市场第一，但它们用独特的创意和体验，赢得了无数粉丝的追捧。

迟早淘汰

人是如何在不经意间被淘汰的？

我给你讲个故事，你就能秒懂其中的道理。

很多年前的一个夏天，我接了一个脚气喷剂的广告项目。那时候还是胶片拍摄的时代，预算一共是 10 万。广告公司精心策划了一个 30 秒的电视广告脚本，我一上午都在紧张地拍摄。

结果中午客户突然邀请我出去吃饭，说："导演，车里还有两瓶拉菲啊。"我一听就急了，还有 25 个镜头没拍，哪有时间吃饭啊？我其实是担心拍不完得付加班费，这 10 万预算可经不起这顿饭的折腾啊！

架不住客户坚持，拉着我开车去了饭店。菜一上桌，客户就劈头盖脸地骂广告公司："你们知道在央视投 30 秒广告要多少钱吗？我们可是小型制药厂，不是宝洁那种大公司，它们一年广告投放的费用有几十亿，而我们一年才 3 亿！"

客户接着说:"你们这个脚本结构怎么还用宝洁那种电视脚本呢?又是提出问题,又是解决问题,最后还要演绎出产品效果。我们可没那么多钱投 30 秒广告,你给我拍 15 秒就行了。你看看创意怎么改一下。"

面对这样的突然袭击,一般人就崩溃了,要么是反驳,要么是沮丧,能迅速提出一个更新更好的创意,太考验人的临场发挥了。如果是 4A 广告公司,经过一番沉淀修改,多次提报,半个月又过去了,事情早黄了。

我听完客户的话,心里咯噔一下。这顿饭我一口都没吃,大脑一直在琢磨新的创意。大约过了半小时,我灵机一动:"有了!就改成孩子的脚伸进爸爸的大皮鞋,妈妈飞身大叫'啊',然后拿出脚气喷剂一喷,结束。连场景都不用改,直接变成妈妈救孩子的功夫片!"

客户听完,高兴地连干两杯拉菲。而那家广告公司的代表,全程黑着脸,一言不发。十年后,我听说这家广告公司消失了,被时代淘汰了。

囚徒困境

看网络小说的人应该知道，网络小说出现了一个新风格，叫作"无限流"。

很多人的人生，仿佛是一部被命运编排好的"无限流"小说，不断重复、循环。

就像一款设计上有缺陷的产品，产品不好，自然就卖不好；卖不好，就赚不到钱；赚不到钱，生活就改善不了，人生会陷入恶性循环，这便形成了一个难以解开的死结。

这样的人生死结变成故事，反而大受欢迎。

过年回老家，我和一位朋友闲聊。他告诉我，只要给他 50 万现金，他就能实现财富自由。在他看来，在三线城市最大的困境就是有房有车，却没有现金，如果给他 50 万现金，所有的烦恼都能迎刃而解。我跟他说："即使你拿了 50 万现金也很快就会花完，人反而会更痛苦，因为你没有造血能力，很快就会把钱消耗殆尽。"

无限的循环，不一样的人生。人到中年，面临着更多挑战和困境。

你开始失去三样最宝贵的财富——天真、勇敢和敏感。

首先，你失去了天真。
你开始怀疑和防备周围的人，觉得任何人都在骗你，所以你很难跟任何人建立合作关系。

其次，你失去了勇敢。
你不敢承诺，不能敢作敢当，不勇敢的人只能享受极小一片世界。

最后，你失去了敏感。
你变得麻木，出了问题都看不出来，在吃喝玩乐中丧失了对局势的判断能力，给你一个机会也抓不住。

一个不敏感、不勇敢、没有担当的中年男人，就像一个被困在囚笼中的囚徒，既固执又造作，坚信各种群发的真理，坚信自己的见识大于一切。对这样的人，你能有什么办法来挽救他呢？

认清形势

人挪死,树挪活。
很多人的一生,就失败在不相信。
有很多人是因为害怕未知、怀疑未来,就白白错过了好多机会。

要是我现在还窝在岳阳老家,打死我也不会相信一条广告报价能做到 500 万,更不会相信不喝酒、不用返点也能把广告业务做得风生水起。可现在呢?还有很多人觉得做生意就得请客吃饭、返点让利,这就像在哥伦布发现新大陆之前,人们坚信地球是平的一样。

还记得几年前,当短视频和直播刚兴起时,许多人对此持怀疑态度,觉得这只是个娱乐玩意儿,无法给自己带来商业价值。但是,那些敢于尝试、敢于相信的人,抓住了时代的机遇,已经赚得盆满钵满。

当你还拿着铁饭碗享受舒适区的时候,世界已经天翻地覆。就像"非典"之后,电商行业迎来十年红利,人们被迫改变购物方式,开始依赖线上购物,这一下子就把电商行业推向了高潮。

面对三年"新冠"疫情之后的挑战,我们同样看到了社会的巨大变化,这何尝不是一个新的机会?

浅薄的人看不到社会的真相:很多传统岗位一定会被取代,新的岗位一定会被创造出来。手机成为"新农具",带货也是"新农活",还有很多平凡的乡村通过不一样的传播视角,使自己的文旅价值和农产品价值取得了前所未有的放大效果。

扬短避长

如何打好自己手里的烂牌，是最关键的。

99%的人从小就抓了一副烂牌，觉得扬长避短才是王道，但问题是，有时候你根本找不到自己的长处。比如，富二代的长处是天生金贵，但真的有用吗？你爹只要还在一天，你永远都要听你爹的话。富二代的一生很痛苦，一辈子都在证明自己比爹强，但你和你爹玩同一个赛道，不可能比你爹强。你只要投资或者创业了，有50%的概率会失败。

所以，没有钱这个短处，其实也是个优势。

我有一个客户是甘肃人，他特别勇敢，每次都会说："我就冒险干这一把，输了大不了回甘肃种地！"他只要上了"牌桌"就不可能下去。

我认识一个女老板，是福建的，开着几家小店，离婚了。

离婚这个短处，其实也是优势，如今她靠着大女主人设，以及离异、带娃、创业几个标签，在当地过得风生水起。

在未来，中心化媒体会消失，人们越来越难做成一个大品牌，这也是很多小品牌、小 IP 的机会。我的一个客户是做意面生意的，看起来是小生意吧？但他的一款意面，销量在天猫和京东都是头部，还打入了选品严苛的山姆会员超市。

河北廊坊，在北京人眼里没有太多存在感，是一个只有 500 万人口的小城市，但是它的人口其实比新西兰还多。你看，在一个小圈子里赚到一个小圈子的钱也足够了。

你发现没有，在三、四线城市几乎没有原创消费品牌，店面都是和北上广同步的，什么火抄什么，不创新，只复制，因为这样可以减少信任成本。在小城市，开店是最简单的创业方式，开店的多，倒闭的也多。那些没有倒闭且越做越好的人，他们是怎么杀出来的呢？

都是"草包"

别整天一副唯唯诺诺的样子,像只缩头乌龟似的,都不敢大声说出自己的想法。人生,不就是要敢闯敢拼,勇于表达自己的观点吗?

其实大部分人是"草包",包括那些成功人士,他们大多不是天赋异禀、与众不同者,只不过是运气好了点,或者父母好一点,他们就成功了。而那些你曾经仰望的大佬,突然有一天就倒下了,为什么?

不是因为他们偶然不行了,而是他们一直不行。

我小时候家里穷得叮当响,父母养三个孩子很费劲,而我们的邻居大叔是个卡车司机,风光无限。在 20 世纪 80 年代能够开卡车的家庭,那是很有钱的了。他们家有六个孩子,还吃香的喝辣的,并且每个孩子都有一辆摩托车。小时候的我就在想,啥时候自己也能这么牛啊?

后来，我有了自己的事业，我和邻居大叔一样，也成了一名"卡车"司机——给自己买了两辆越野房车。这算不算是对童年生活的一种"报复性祛魅"呢？

再来说投资这行吧，那些投资人的成绩曾是我仰视的，直到我自己投了三家企业，才发现中国没有真正的投资人，只有跟投人。前瞻性的投资几乎没有，"投得好不如退得好"，都是一窝蜂的草台班子，坐着电梯上来十个人，其中九个是"草包"。

我原本以为营销行业的大师有多牛，后来我自己写一本书，一年半时间的销量就干到这个行业的品类第一。

所以说，做个人品牌请大胆一点，自信的"智障"比唯唯诺诺的智者有魅力得多。

黄金搭档

乐观就像马力，悲观就像摩擦力。
它们是创业路上的黄金搭档，就像车得有两个轮子才能跑起来，鸟得有两翼才能飞，乐观和悲观也得手牵手，才能把企业带向成功的大道。

悲观主义者适合做"一把手"吗？
公司的"一把手"最好是乐观主义者，"二把手"必须是悲观主义者。因为如果他们都是乐观主义者，公司就死得快；如果他们都是悲观主义者，公司就没有竞争力。

创业期间，乐观主义就是个马力十足的发动机。它给创业者加油打气，让他们在困难面前不退缩，勇往直前。有句老话说得好："心有多大，舞台就有多大。"乐观主义者就是凭借这份自信和毅力，将企业越做越大，越做越强！

而悲观主义就像贴心的保镖,时刻提醒创业者注意风险,别得意忘形。就像古人说的:"满招损,谦受益。"悲观主义者总能在关键时刻给企业来个"急刹车",避免因为盲目冒进而跌入深渊。

声浪迷局

船为何不走？因为声浪可以用扩音器造假。

在数字海洋的波涛中，社交媒体平台如同各式航船，有的靠风力（自然流量），有的靠燃油（广告投放）。

如果把一个品牌比喻成一艘船，品牌投放就像顶级的帆船竞赛。

抖音像是"油轮"，加多少油就能走多远，好处是钱少也能让你走出港，这样每艘船都有机会远航，抖音也挣得最多。

小红书像是"时尚邮轮"，穿了裙子的船，打扮得漂亮一点，撩拨别人的上船意愿。船上还有美女在勾人。

分众传媒像是"魔法风帆"，像一股妖风，杠杆极大，弄好了一把吹满你的帆，让你杀出重围，船还没出港的玩家就别参与了！

曾经，"一微一抖一分众"是社交媒体领域的三大巨头。然而，如今微博的地位有些尴尬。

微博曾经是"风云巨轮"，现在像一群观众在岸边呐喊加油，声浪看着很大很高，但是船就是不走，因为声浪可以用扩音器造假。

有很多人的粉丝超过百万乃至千万，但是每条视频的点赞只有几十个，转发和评论寥寥无几，这种一看就是买的粉丝，水分相当大。我每年坐飞机都会看见很多粉丝接机的盛况，可以说大部分是提前安排的。首都机场T3航站楼和长沙的黄花机场属于热门地点。很多粉丝在机场接机，其实是偶像的经纪公司资助的，因为机场接机的人数直接决定了偶像火不火。"泛流量粉丝就像钓鱼打窝，一放进水里都跑了"，怎么办？打窝不要怕浪费，微信兼职群摇人呗！

流量变现的真实逻辑应该是真能源、长续航，而不是虚假的扩音器。

不被淘汰

"网红"如何避免变成工具人?

你要有自己的表达能力,不能一直跟随社会热点,要么表达自己的才华,要么表达自己的想法,两者能结合是最好的。

工具人的特点就是没有思想,没有温度,运气好就是有那么一段时间恰好趁手,能用一阵,但新工具一出来,立刻被淘汰。

想避免成为工具人,必须做到以下几点:

第一,完全占有赛道关键词。

你就像所在赛道的王者,一提到某个词,大家就想到你。这样,你就不再是别人的替代品。

第二,有丰富的隐藏变现手段。

别只靠一种方式赚钱,多挖掘点自己的潜能,这样即使某个方式不行了,你还有其他路可走。

第三，从学者变为师者。
别只是让大家喜欢你，你还得让大家尊敬你。怎么做到呢？你得有真才实学，能教给大家有用的东西。这样，你就不仅是个"网红"，还是个有影响力的人。

第四，变成某个品类的代名词。
比如，一提到美妆，大家就想到你；一提到穿搭，大家也想到你。这样你就有了自己的标签，不再是随随便便一个人都能替代的。

第五，保持战略耐心，不断丰富"红"的内涵。
别只追求短暂的火爆，要想着怎么长久地"红"下去。你得不断提升自己，让自己变得更有价值。

"网红"最重要的是"保鲜技术"，保持你内心的纯粹、内容的新鲜。从垂直类专家到破圈，再到公众品牌，这是你的必经之路！

家族跃升

对富二代来说，不创业就是最好的创业。

顶级富二代都有着顶级的败家方法。
说到败家方法，你可能觉得富二代都是瞎花钱、乱花钱的，但今天我要告诉你们，真正的富二代的败家方式可是相当有"品位"的！

先说说学艺术。
对富二代来说，学艺术可不是为了败家，而是为了提升整个家族的格调！你想，万一学成了，那就是家族品牌跃升的大功臣啊！耐克创始人的儿子搞电影，画家弗洛伊德出身名门，这些不都是活生生的例子吗？

一般来说，家族想实现品牌跃升有三种方式，但原始家族的土味是很难甩掉的。

首先，你可以花钱做藏家。你经常在拍卖会上露脸，别人一看就知道你家不仅有钱,而且有底蕴,家族自然就显得高级多了。

其次就是联姻。
娶一个或者嫁一个名流,这是香港望族们的拿手好戏!
江、浙、闽等沿海地区的富人,虽然还没那么溜,但也开始尝试这种方式了。毕竟,肥水不流外人田嘛!

最后一种方式,就是家族里出现一个大艺术家。
这才是真正的高级!你不仅有了钱,还有了艺术品位和家族荣耀。
你不这么做,顶了天就是一个高明的投机者,因为你的心中没有主义,只是个倔强的土包子。

所以,别再以为富二代都是瞎花钱了,他们可是在用最有"品位"的方式来展示他们的财富和地位!

别把爱好当买卖

千万别把爱好做成买卖，因为一做你就完蛋了，余生是不会幸福的。

想象一下，你喜欢摄影，每次按下快门都仿佛能听到心跳的声音。但当你决定开家摄影器材店后，你需要进货、销售、处理售后，甚至要应付那些对器材一知半解的顾客。最终，你的家里堆满了各种摄影器材，但你还有那份闲情逸致去捕捉那些美丽的瞬间吗？

你喜欢钓鱼，享受悠然自得的钓鱼时光，结果你去开了一家渔具店，24 小时帮人绑钩子、缠线、介绍产品，你甚至可能深夜还在为顾客解答疑问。这样的你，还能在周末找到那个安静的湖边，享受钓鱼的乐趣吗？

你喜欢户外，喜欢与大自然亲密接触，你决定创立一个露营品牌，你会发现自己的生活中充满了帐篷、睡袋和其他户外装备。最后你每次看见帐篷就难受，大风雨中你还得担心营地路面是否被冲毁，帐篷的绳子断没断，那时你心中是否还会有那份对户外的向往和热情？

爱好需要热血，事业需要冷血。
其实我之所以能把广告策划干成头部，是因为我根本就"不爱"广告。
正是因为这份"不爱"，我才能保持冷静和客观，专注于客户的需求和市场的变化，为客户提供满意的解决方案。如果我热爱广告，可能就会变得过于主观和情绪化，无法做出最合理的决策。

爱好和事业是两个不同的领域。
我们经常会把爱好当作商业天赋。

你喜爱得太多，经历得太少；
你行动得太多，坚持得太少；
你沉迷得太多，研究得太少。

我们可以把爱好带入事业中，但一旦爱好变成了买卖，你就可能会失去更多。

古埃及人修金字塔浪费吗?
秦始皇修长城浪费吗?
艺术家们光创作不种粮食浪费吗?

"浪费"是主角的权利

PART

8

导言

"浪费"其实藏着大智慧！

我在体制内摸爬滚打了七年，悟出一个真理：很多时候，成果都是"浪费"出来的。因为钱没了可以再赚，但是机会一旦没了，就再也回不来了，所谓"浪费"都是试错的成本而已。

就像高铁、特高压、高速服务区的充电桩，这些大工程在当初都被说是"浪费"，但你看现在高铁让我们出行像飞一样，特高压让电力更强大，充电桩解决了电动车跑全国的里程焦虑问题。这些"浪费"都变成了实实在在的利益，回到了我们身边！

1995年，我从岳阳老家坐绿皮火车进京，因为买不到坐票，需要站24小时，那痛苦简直无法形容。现在我回岳阳，躺着刷5小时手机就到了。

京东作为电商平台，在全国建立了八大物流仓库，这么大的重资产是不是很浪费？不是，它能让全国很多城市的消费者享受到第二天就能收到货的便利。

阿里的云计算在2009年刚推出时备受质疑，如今各行各业都离不开云计算的服务，堪称数字时代的"新基建"。

再说粤港澳大湾区的基建系统。港珠澳大桥投资1000多亿，它的建设创下多项世界之最，体现了一个国家逢山开路、遇水架桥的奋斗精神，且有利于促进粤港澳大湾区的发展，有利于提升珠三角地区的综合竞争力，对支持香港、澳门融入国家发展大局，具有重大意义。而深中通道，投资400多亿，它的开通更是让粤港澳大湾区"1小时生活圈"逐渐变成现实。超级技术、超级制造、超级工程和超大市场，将成为粤港澳大湾区经济增长的"新引擎"。

金字塔浪费吗？长城浪费吗？蔡国强把价值几千万的烟花放上天浪费吗？只有主角，才有资格"浪费"。

"浪费"的终极奥义，就是把浪费变成另外一种利，让其回到你的身边。

认识金钱

正确认识金钱的时候，就是你开悟的时候。

有时候开悟就是一瞬间的事。

刚开始在广告圈混的时候，一单涨到 100 万，我觉得已经很了不起了，按照制作费的"内卷"逻辑，你怎么可能会有 500 万的报价呢？你得是世界级的大导演才有这样的报价。但有一天，我突然就想通了，假如客户投放的金额是 5 亿，如果我通过广告的创意能帮客户节省 20%，那就相当于 1 亿。

相比花 500 万和 1 亿，哪个更省钱？当然是花 500 万。这就是我的业务存在的逻辑，也是我对金钱的重新认识。

当你能为客户带来巨大的价值，你就成为一个名牌了，客户会为你的附加值买单。

99% 的广告同行赚的都是辛苦钱。客户每天审阅你的清单：器材成本、人工成本、场地成本……

因为你不是名牌，所以没有附加值，还是局限在生产原料与劳动力的循环里。你想想，客户会抠王家卫、张艺谋的广告制作清单吗？

千百年来的金钱形态，一直是田地、不动产、牛羊、金银、艺术品，无论是抢劫还是占领都很方便。但是今天的金钱，变成了信用体系、投资、品牌、流量这些复杂的套路。你抢了一堆服务器，没有用，各行各业借助服务器产生的附加值，才是新的财富。

如果你读过《资本论》，你就会明白金钱的本质其实就是储蓄的劳动力。当你花钱的时候，其实是在释放劳动力。花1万，释放1万的劳动力；花1亿，释放1亿的劳动力！想象一下，如果你能在瞬间释放出1亿的劳动力，那将是多么惊人的力量！

正经买卖

不请客、不返点,真的能把生意做好吗?
大生意我不知道,但是我们这小生意能做得稳稳当当。

我来北京二十八年了,当年有个做后期的哥们儿过生日,拉着我去 KTV,一群姑娘围上来,我当时就蒙了,坐了一会儿直接溜了。

后来我跟当时的老板程工一起去沈阳提案,提完案以后一起吃饭。程工问我:"你知道那个主任身上的西服多少钱吗?"我说:"几千块钱吧?"程工说:"10 万。咱们一共 30 万块钱的单子,你说咱们怎么给人家送礼?"然后程工说:"咱就靠创意,喜欢就下单,不喜欢就拉倒,不搞那些歪门邪道。"

回到北京后,程工就拿了全球的各种电视频道包装大奖,在各大电视台体系里,牛得一塌糊涂。而我呢,在这一行干了二十八年,跟客户吃饭的次数是屈指可数的,跟那些大佬更是一顿饭都没吃过。咱就做点小买卖,不靠吃饭靠实力,创意好、作品好,客户自然来!

客户找你，是因为你有价值，社交吃饭哪有想创意来得过瘾？纯看利益的社交，人会变得麻木。我没有要富可敌国的野心，就做点小买卖，把创意玩到极致，作品做到最好，活得坦荡自在！越正经，生意越简单。

筛选客户

任何观点，在中国都会有人买单。

我认识一个专门发一种特别的照片的朋友，他有 20 万私域会员。他有一个两三人的小团队，一个月可以赚几十万。

我还认识一个文艺女青年，她专门给玩偶做各种小布衣服，一个月赚几万，人家赚得挺开心的，还雇用了一个裁缝。

我还认识一个胶片"发烧友"，是专门做胶片冲洗机的。现在玩胶片的人少，但人家就靠卖这个一年也挣几十万，够自己生活了。

中国的人口基数非常大，只要你把自己的观点重复得足够多，做事的时间足够长，就一定会筛选到喜欢你的用户。如果你的传播技术好一点，你出名的速度就会快很多，你变现的时间也会缩短很多。做个人品牌是给自己积累，而打工是给老板积累，懂了吗？

顶尖合作

和顶尖的人合作留下的是故事，和平庸者合作留下的是事故。
《乌合之众》里面说过，群体只会做两件事——锦上添花或落井下石。

很多有点资产的人非常膨胀，他们自我感觉良好，认为自己在各领域所向披靡、轻松通杀。实际上你在自己的领域再牛，换个领域也是个小学生。

比如，你在金融领域呼风唤雨，但到了艺术领域，你可能连最基本的绘画技巧都不清楚；或者你在体育方面很有成就，但在文学创作上可能连基本的文字表达都难以驾驭。所以，人得认清自己，认清每个领域都有它的特别之处，得放下成见去学习。

我曾跟全网有几百万粉丝的"野行涛哥"一起去加拿大钓蓝鳍金枪鱼。他在全世界有八十个合作钓场，拥有二十年丰富的导钓经验，就是这次经历让我深刻体会到了与顶尖的人合作的重要性。

涛哥说我是最听话的,他让干什么我就干什么,带起来特别省心,不像有的玩家花了10万块钱就觉得自己很牛、很厉害了,对船长总是指指点点的。

涛哥给我配置的是在加拿大世世代代捕金枪鱼的世家,请了迈阿密的专业海钓船长,还请了费城的钓鱼专家来辅助,各方协助的目的就是确保我能够钓上蓝鳍金枪鱼。如果你还指挥人家怎么干,这不是脑子有病吗?

在全世界顶尖海钓专家的帮助下,我一个纯粹的"菜鸟"也在北大西洋钓到了800磅重的蓝鳍金枪鱼。

霸王条款

99%的人内心软弱，不会拒绝，所以一定要敢于开出自己的霸王条款！

就像电影《教父》里的唐科莱昂的谈判法则："我会开出一个让你无法拒绝的条件。"这种语调和措辞，凸显了这个人物的魅力。

我的霸王条款就是低于500万的单子不接！我就喜欢跟能开霸王条款的人合作，如伦敦的某家米其林餐厅只接受预约，人到齐了才能点菜，这种餐厅反而有一种令人着迷的魅力。有时候人就是这样，打压才能让他重视你。

比如，通信公司的客户不交电话费？那不好意思，直接给你停机！这样你是不是死死地记住了交电话费的日期？

随着人口红利的消失，很多"00后"也纷纷开出了霸王条款，月薪低于6000元的工作不去，"996"那是不可能的，没有双休也不去。这些霸王条款以后不是个例，流媒体让信息变得透明之后，供求双方都扩大了筛选面,这种看似苛刻的挑选条件会慢慢成为普遍现象。

还有某些企业的入职竞业条款,包含了五十多家限制企业。没办法,谁叫人家是行业的老大,你不去,大把的人抢着去。

对自己拥有的资源绝对自信,才能开出一个让人无法拒绝的条件。

老钱生钱

老想玩钱生钱的游戏，你能够驾驭吗？

你想想养鸡场里有一只鸡不生蛋了，你是养鸡场老板的话会怎么办？

这只停止产蛋的鸡，就像那些沉迷于"钱生钱"游戏的人，曾经也是鸡场中的佼佼者，凭借着自己的努力和智慧积累了一定的财富。但现在它被眼前的利益迷惑，陷入了自己的幻想之中，不再为鸡场贡献任何价值了。

对鸡场老板来说，这只鸡的存在成了一个问题。

他面临着两种选择：一是继续喂养这只停止产蛋的鸡，期待它能够恢复产蛋能力；二是将它淘汰出局，将有限的资源投向那些更有希望的鸡。

《资本论》中说过，资本是没有办法才从事物质生产这种倒霉的事情，它也不愿意去从事物质生产，它总希望有更快、更轻松的赚钱手段。

有的人就是这样,"钱生钱"游戏很容易忽悠到那些被眼前的利益诱惑的人。

区块链成为风口的时候,大家一窝蜂地跑去听区块链讲座,那些区块链导师都赚麻木了,最后跑路了。"挖矿"成为热点的时候,偏远地区因为电力便宜,吸引了很多千里迢迢去"挖矿"的人,结果自己没赚几块钱,卖矿机的人赚得盆满钵满。这两年元宇宙兴起,很多人还没搞清楚啥是元宇宙,就被里面游戏的幌子,或者虚拟资产交易的幌子忽悠得不轻。去年人工智能又成为最火的赛道,很多人焦虑,觉得自己不跟上这个风口的话,以前的亏空就补不上了。于是不管懂不懂,他们就又去琢磨。结果人工智能真的有很高的门槛,怎么办?买课啊。

对那些沉迷于"钱生钱"游戏的人来说,他们忽视了法律和风险代价。

不仅是年轻人,很多老人也沉迷于"钱生钱"的游戏,只不过踩的坑不一样。

很多人打着"养老社区"的幌子,忽悠老年人投资入局。老年人在初期得到蝇头小利之后就会陷入大额的投资陷阱。正如鸡场老板最终会做出选择一样,现实也会对这些沉迷者做出残酷的筛选。当他们投资失败、发现别人跑路时,他们才会意识到自己的错误。但此时为时已晚,他们可能已经失去了很多的资源和机会。

张弛有度

如果你一生对钱的观念很紧张，那这一辈子都会活得拧巴。
匠气很足、才华平庸的创作者喜欢把每句话、每根线条、每个细节勒得很紧，雕琢得过分完美，你看他的作品就会感觉很紧张。

对金钱的看法也是这样。我小时候的邻居为了省钱，家里买的冰箱不用，空调买了不用，汽车买了也不用。几年后这些东西都坏了，他们在生活上并没有过得很舒心，反而为每天怎么节约钱浪费了大量的精力。

在工作中，我们一天能够集中注意力的时间也是有限的，把最主要的精力放在最主要的事情上，对能力没有那么强的人不要那么苛刻。放过他们，也是放过自己。
如果把人生比喻成一首歌，每一个节拍都卡住了节奏的话，这首歌会很难听。任何时候都应该有紧有松，有疾风骤雨，也有云卷云舒。

不要正经

正经人干正经事,只会得到正经收入。

传统教育总教你做个正派人,干正派事;但正派人干正派事,往往只能拿个正经薪水。

把握正经到不正经的临界点是门学问。

不体面但赚钱的小赛道其实很多。

你拿你老爸的棺材本去创业,这就属于大不敬;投资一个家族从没见过的行业,也属于离经叛道。为什么老实人很难发财,因为财富从来不偏爱老实人。财富更喜欢那些敢于冒险、敢于突破常规的人。看看刘备,创业时穷得叮当响,还得宣扬自己是中山靖王的后代,家谱都翻出来当信誉保证。他这么做,也是为了给自己增加点光环和背景,好让别人相信他有能力干大事。在这个社会上混,有时候你得学会包装自己、推销自己。

老实人的缺点,就是光有目标,没有手段,眼里都是别人,没有自己。但那些看似离经叛道的人,若是成功了,就会被供入祠堂,没人会记得那些大不敬的往事。

不要投资

小公司不需要投资。不止一个投资人找到我,说要给我砸钱投资,还列了一大堆好处,但我统统拒绝了!人到中年,最重要的是认清自己的命运。

在商业世界里,一个普通男人只有三个终极角色要扮演:

第一是出钱的,简称投资人。
自古以来,投资人谨慎行事,就像王背后的男人,只要钱,不要名,终身追求平安和财富传承。但你想想,如果我当投资人,手里这点钱肯定不够啊!

第二是打仗的,简称将军。
将军出生入死,名利和风险并存,成王败寇,干这个要有一颗大心脏才行。我是小镇青年出身,驾驭不了这种大场面。

第三是"狗头军师"。

"狗头军师"的角色轻松多了,从古代的姜子牙、范蠡到诸葛亮、刘伯温,基本都能得到善终。付出一点时间和精力,把将军的事搞大就行了,天塌下来由将军顶着,缺钱了还有投资人托着,关键时刻"狗头军师"还会写《出师表》这种文章来保命。我这性格最适合当"狗头军师"了,最主要的是能善终。

报价艺术

你会做报价吗?

从你的报价单就能看出你的行业地位。

最低的段位就是用成本估价,一个个螺丝地估价,挣的都是血汗钱。甲方派出一个财务就能够捏扁你。

你现在还处于食物链的最底端,随着报价单的增厚,你来到了高级阶段,你学会了巧立名目、拆分报价,每个项目看起来都不贵,一项项看着都挑不出毛病,累计起来却是个不菲的价格。客户想砍价都没法跟你砍,因为你心里很清楚,我不报到这个价格感觉对不起自己。

然后你终于来到了终极阶段。

奢侈品包包低于 20 万不卖给你,一个项目低于 500 万不接。你的辉煌业绩和商誉终于累积到了一个新高度,能够俯视甲方。虽然甲方不高兴,但是没办法,毕竟你能给他带来真金白银的超大收益。当你在这个行业有了不可替代的地位之后,你就可以这么干,面子值几个钱?

这就是报价的艺术,你学会了吗?

财富转移

财富长了腿,怎么进你嘴?

你看某些自媒体人一个月的收入,是不是有些"羡慕嫉妒恨"?但你知道吗,这背后是他们默默耕耘了无数个日夜,废掉了好几个账号,发了几百条视频,才等来了那个让财富垂青的机会。

财富就像癌细胞一样,它不会消失,只会转移。
从有权的、有钱的转移到有名的手里。因为有权的、有钱的渴望有名,而有名的渴望有钱,所以财富在钱、权和名之间穿梭。

而我认为对一个普通人来说,其实有名比有钱和有权简单得多。为啥这么说呢?因为只要你有才华、有特色,你就能在互联网上吸引一大批粉丝,从而变得有名。一旦你有了名,财富和机会就会自然而然地找上门来。
当你还在问小米汽车和理想汽车哪辆最牛的时候,这两家公司的口袋已经向你张开了。

绝不内耗

内耗，导致了小公司的死亡。

如何减少创意公司的内耗？

第一，奖励有结果的英雄。
奖励不仅是钱那么简单，在创意公司的每一分努力都值得被看见。要用各种方式奖励那些真正出成果的人，也要鼓励那些正在努力接近成果的人。

第二，一专多能，做全能战士。
你要一专多能，一个人就是一条完整的产业链，没了谁，地球都会照样转动。

第三，减少无效接触，专注核心。
客户虽然重要，但没必要每天都围着他们转！要学会筛选信息，屏蔽那些无效的噪声，把更多精力放在创意和执行上！

第四,拒绝不坚定的客户。

不强求成交,客户但凡有一点不坚定,你立刻拒绝,满足客户多变的情绪比做创意复杂得多。

第五,保持专业距离。

不要跟客户交朋友,因为友情会妨碍你做出判断,市场是冷血的。

第六,多享受生活。

现在国内的很多大学会放"春假",学校鼓励学生去赏花、去恋爱。我们的上班时间很佛系,不打卡,把工作和生活平衡得很好,在搞事业之余,也要有一颗爱生活的心。

宁缺毋滥

高端制造要流量还是要质量？

就以我的阿莫迪罗越野房车举例，这辆房车已经开了 7 万多公里，在我的车里面是跑的里程第二多的"老伙伴"。据说这种车的设计寿命最低是 200 万公里，按这个标准来看，目前它还很年轻，可见其质量之可靠，耐用性之强。

我看到玩房车的自媒体人频频发视频，曝光自己的房车出现的问题，我并不感到意外，因为高端房车的制造，靠的不是流量，而是质量。

在中国，高端房车制造领域只有两家品牌可以选：于学兵打造的阿莫迪罗高端越野房车和 Bliss Mobil 洲际越野房车。两家的关系挺好的，他们互相介绍客户。这才是优秀的品牌态度，不诋毁对方，各自亮出自己的优点，也坦承自己的缺点，让顾客根据自己的需求和喜好去选择。

对能够购买高端房车的客户来说,他们本身都有独立的判断能力,他们更注重产品的实际价值和使用体验,而不会仅被表面的流量吸引。

这两位老板教会我一个道理:
用好产品吸引客户,用高价值来筛选客户。
这就是我每年只服务十个新客户的原因——宁缺毋滥。

小而美时代

在一个"内卷"的时代,群氓会不断攻击大象,使其碎片化,导致小而美才是未来。

记得三年前,我跟朋友大庆一起吃饭,我发现这个家伙既"闷骚"又有才,说话还逗,能不断地抛出哏来。

我就跟他说:"既然你喜欢雪茄、收藏雪茄,你就做短视频说雪茄吧,粉丝不用多,有个几十万就行,关键是筛选到你的精准粉丝。你作为一个走文艺路线的富二代,很难做到像父辈那样每年节日都要给别人送礼,而你在全国拥有了粉丝后,你谁都可以不理,就做自己喜欢做的事。"然后大庆做到了。

另外,还有程工导演。他本来就是非常有名的纪录片导演,产出质量和艺术价值很高,作品小众但质量高。2023年我跟他说:"你做短视频吧,电视台市场现在是水泡子,流媒体才是海洋。"程工经过一年的实践,不但和抖音独家合作了纪录片《食鲜记》,还接了很多大企业的商业纪录片项目,让更多人认识了他和他的作品。

我的一个投资人朋友在 2023 年来找我聊了 3 小时，其间我上了七八趟厕所，他来的时候自媒体只有 5 万粉丝。我跟他说："你把粉丝做到 50 万，学霸其实只需要你帮他们梳理逻辑，讲清楚重点，不需要你手把手地帮他们写文案，他们那种能力会很快上道。"现在他的粉丝已经有几十万了。

这样的人还有很多，我就不一一列举了。

我在出第一本书《借势》的时候，没有花过一分钱推流，我跟图书产品经理说："不要去买流量，我要用品牌的打法去玩，看看我玩自然流量能玩到什么程度，买流量会影响我的判断。"事实是，我这本书的销量相当于别人做十本书，在非虚构类经管类目，这本书连续半年排名第一，还拿了各种奖。

马克思主义的核心思想是从实践中来，到实践中去。我花了三年时间验证了一个结果：有销量没品牌和有粉丝量没有个人品牌的结局是一样的，就是个"短命鬼"，都是昙花一现。

品牌和个人品牌的本质，都是让其拥有持续的变现能力和溢价能力。

不把对手打死，
自己就会被对手打死。

对手越强，主角越强

PART

7

导言

"对手越强，主角越强"，这不但具有丰富的现实性，还有巨大的戏剧性和内在动力。在树立个人品牌的过程中，"跟谁干"三个字就很明确地告诉你，选对对手跟选对大哥一样重要。

我和 BOBO 创业的时候，我们的对手就是其他的大牌广告导演，我们要拍得比别人好，成本比别人低，在这样的阶段里，我们熬走了一个又一个导演，自己成了片场的主角。

开公司的时候，我们的对手是巨无霸一样的国际 4A 广告公司：我们三五个人，人家几百个人。经过十多年竞争，大多数 4A 广告公司倒闭了，而我们成了国内营销策划界的主角。

主角的成长与变化不是孤立的，而是通过与强大对手的交锋实现的：从不行，变成我能；从我吓死了，到"你来吧，看我怎么干你"。

一个强大的对手，不仅是对主角物理或技能上的挑战，还是对其内心世界的考验。这样的对手，往往拥有与主角相匹敌，甚至更为强大的能力，他们的存在让主角不得不面对自己的不足，然后使出吃奶的力气。

主角与强大对手的交锋，是一场彻头彻尾的较量。在这场较量中，主角会经历痛苦、挣扎、挫败，但也会从中汲取力量，神经逐渐变得更坚韧，姿态变得更成熟。他们的每一次对决，都是对主角性格、信仰和目标的考验，也是对其内心世界的深刻挖掘，面对世界的不公变得更加宽容。

通过不断与强大的对手干仗，主角会逐渐摆脱自身的局限，脱离小我，超越自我，实现真正的成长。这种成长不仅体现在技能和力量的提升上，还体现在对自我、对世界的深刻理解和接纳上。主角会变得更加完整、立体和真实，成为观众心中难以忘怀的形象。

因此，"对手越强，主角越强"不仅是一个讲好故事的办法，还是深刻理解个人品牌塑造的体现。它告诉我们，一个真正的主角需要经历与强大的对手的交锋，才能展现出其最真实、最令对手胆寒、最厉害的一面。

非常矛盾

小矛盾带来小收获，大矛盾带来大收益。

电商平台在年度大促前夕，总是巧妙地利用"矛盾"这一营销利器。自媒体和平台上不时传出老板与合作伙伴的"不和"传闻，或是老板与老板娘的"矛盾"故事，这不过是他们精心策划的营销策略，用以吸引眼球，引发公众关注。

爱情片之所以能够牵着观众的鼻子走，是因为其中的欢喜冤家、情感纠葛构成了电影的核心冲突。例如，电影《和莎莫的 500 天》《电子情书》《史密斯夫妇》等经典之作，无不是以人物之间的矛盾和冲突来推动剧情，进而描绘出真挚动人的爱情故事的。

欲望与克制，是咱老百姓内心无法逃避的较量。没有欲望，我们或许仍停留在原始社会；但欲望不加节制，又可能让我们万劫不复。这一矛盾推动着我们不断精细打磨平衡点。

矛盾的哲学深入生活的各个层面：我们努力在节约与浪费之间找平衡；在安慰剂与疗效之间拿捏利弊；在权威与大众的声音中寻求妥协；在追求完美与接纳缺陷中学会给对方面子；在真实与虚拟的交织中躲避谎言；在文科与理科的碰撞中捏着鼻子；在理想与现实的差距中埋头苦干；在人工智能与人类的共存中走一步看一步，边干边调整。

害怕矛盾，就是害怕面对生活。

兽性人性

挣钱的时候讲兽性，花钱的时候要讲人性。

在商业的战场上，我们要像野兽一样勇猛拼搏，争夺每一份资源和每一个机会。

当你手握大把的钞票时，才有资格用人性去感动世界。

企业做小要玩阳谋，企业做大要玩"阴谋"。

创业初期玩阳谋，用真诚和实力赢得市场；但企业大了得玩点"阴谋"，全面限制对手，用智慧和策略稳坐江山。

人性是最善于反转的。当事实对你有利时，你就强调事实；当规则对你有利时，你就强调规则。所以我们经常会看到，足球场上的球星们面对同样的犯规动作，有完全不同的意见。弱者应该法无定法，规则只是强者防止弱者翻盘的工具。

请君"入坑"

一定要善于挖"坑",你把"坑"挖好了,观众就会自动往下掉。你的"坑"挖得越大,掉进去的观众就越多,最后就变成流量黑洞,吞噬了一切。

挖"坑"有四大核心技术,分享给你们:

第一大"坑",制造出一个共同的敌人。
这敌人不光是来自外面的威胁,更是观众心里深深的恐惧和不安。你把敌人塑造好了,观众自然跟你团结起来,同仇敌忾,结成联盟。他们就会在你的引导下,跟敌人猛干。
世界上最好看的戏是两极争霸,无数人的注意力在其中,一起去追那个好像怎样都够不着的目标,他们完全陷进故事里,出都出不来。北京的出租车师傅能把两极争霸讲得绘声绘色,仿佛双方都在他车里开了动员会。

第二大"坑",制造一个遥不可及的梦想。

你让他去参加火星旅行,看似浪漫,看似花钱买票,实则劳而无功。有了这个逐梦的过程,商家才能赚得盆满钵满。

第三大"坑",让人感到害怕,怕老、怕死、怕后悔。

人一旦感到害怕,就会慌不择路,就会做出许多错误的选择。很多人到老了为什么会悔恨这一生?因为他们的害怕导致自己错过了太多选择。许许多多的人后悔年轻时不够努力,最终一事无成。人生最可怕的事,就是一边生活一边后悔。

第四大"坑",给人留一条生路。

《孙子兵法》就是最懂挖"坑"的理论书。为什么说对被包围的敌军要"围师必阙",即预留一个缺口给被包围的敌人呢?这就是挖"坑"的最后一个诀窍。

话不要说得太满,事不要做得太绝,如果超过了一定的限度,结果往往就会适得其反。

不要幻想所有粉丝都是你的,不要赚最后一个铜板。

百花齐放

"高级"往往千篇一律,"low"(低级)总是百花齐放。

"高级",这词听起来就自带光环,精致、优雅、独特,好像都是它的代名词。

但"高级"背后,其实藏着不少秘密。它就像上神龛的仪式,每一步都得按规矩来,稍有不慎就前功尽弃。

上神龛、拿供品需要很高的技术,普通人真玩不转。这种规范化的"高级",就像流水线生产出来的珠宝,璀璨是璀璨,但看多了也会审美疲劳,因为千篇一律。

"高处不胜寒",这话说得真好。站在顶峰的人得时刻注意脚下的路,生怕一不留神就摔个鼻青脸肿。他们得在保持传统和创新之间找平衡,是真心不容易。

那"low"呢?"low"是百花齐放的,入门也非常简单,弯腰捡钱也是代价最低的,伸手不打笑脸人。这种"low"的表达方式就像大自然里的野花野草,虽然不起眼,但每一朵都有它独特的魅力。

"low"的魅力就在于它的多样性和包容性,没有固定的规则和模式,只有你想不到的创意和可能。你可以是任何人,做任何事,只要是你真心喜欢的,你都能在其中找到共鸣。

但是在传播上,"高级"和"low"不能兼容。我和BOBO的"红制作"拍过很多"高级"的广告,画面炫目、精彩,电影大片能用的手段都用上了,成片效果让业界同行心服口服,但传播效果并没有那么好,反而是看起来有些"low"的广告让品牌声名大噪。

刺痛的力量

一个好的个人品牌必须刺痛用户,像渣男一样,深深地刺痛你的内心,让你刻骨铭心!

快乐这东西,往往是最廉价的。萨克雷创作的小说《名利场》的结尾讲了这样的感受:"唉,浮名浮利,一切虚空!我们这些人里面谁是真正快活的?谁是称心如意的?就算当时遂了心愿,过后还不是照样不满意?来吧,孩子们,收拾起戏台,藏起木偶人,咱们的戏已经演完了。"

你看那些短视频,就如同那些木偶人,一个个都在制造廉价的,让你在短时间内能感受到的快乐,但一旦放下手机,那快乐就消失得无影无踪。这样的快乐,根本支撑不起一个真正的个人品牌。

一个好的个人品牌必须刺痛用户,就像渣男给你留下的那种刻骨铭心的痛,让你难以忘怀。你可能会觉得痛,但正是这种痛让你开始思考,开始审视自己的内心。

艺术家谭平多年前就提到了"刺痛与抚慰"的概念。一开始我还以为他是在抖机灵,但现在我懂了,刺痛的力量真的比抚慰大得多。它就像一把锋利的刀,虽然会割伤你,但也能割去你内心的杂念和束缚,让你看清真正的自己。

所以,各位创作者,如果你们真的想打造一个有影响力的个人品牌,就要磨炼厚着脸皮对抗外界的能力,试着去刺痛用户的内心。

打败精美

传播的本质是粗糙的打败精美的，直白的打败弯弯绕的，平民的打败贵族的。
一个人最怕的是忘了来时路，忘了那个靠激情和真诚一路走来的自己。

当"精美"成为常态，其实说明创作的生命快走到头了。
如今"网红"们的短视频似乎都在追求一种华而不实的"精美"——试图将每一个画面都雕琢得如同广告大片般华丽。
这种方式只会让创作的生命逐渐枯萎。当一切都被精心修饰，当真实被掩盖在华丽的外表之下，此时观众已经难以分辨什么是真实，什么是虚伪。
我花了整整八年时间才从那种广告大片的思维里挣脱出来，找到了属于自己的表达方式。看到你们一个个陷入这种"精美"的旋涡，我真的替你们感到惋惜。

只有粗糙的才能打败精美的，真诚永不过时！

点名式消费

点名式消费并不新鲜，这已经传承了千百年。

杨贵妃要吃岭南的荔枝，一骑红尘妃子笑，官员们十天内给她运到了长安。

阿拉伯国家崇尚中国陶瓷，元代景德镇生产的青花瓷才能被称为"元青花"。元代的青花瓷完全是为了适应西亚地区的需求定制产生的。

如今每年秋天，各大城市都流行吃大闸蟹，最好的大闸蟹就是阳澄湖的。真货稀缺，堪比"螃蟹中的茅台"，谁能吃到真的？一定是钱花到位了。

还有你去理发店，基本上是指定熟悉的"托尼老师"，你只会为放心买单。

据我观察，很多家庭也是如此，都喜欢这种点名式消费。

简单来说，就是用户直接点名要某个产品，而不是像以前那样在商场里、在农村大集里盲目地逛来逛去。

点名式消费会让很多传统大企业的渠道铺设努力付诸东流。就算有 500 万个渠道终端又如何？

我仔细回想了一下自己这三年的购物经历，99% 的交易是靠线上搜索完成的。这足以说明搜索行为就是典型的点名式消费。

当货物供大于求的时候，人们不会为货买单，而是为你这个人买单。

"黑公关"助攻

"黑公关"不过是一次漂亮的助攻，很多人一辈子都不会明白这个道理。

很多大型上市企业一有风吹草动，股价都会受影响。企业最怕的就是对手散播假消息、泼脏水。某汽车品牌的首款 MPV（多用途汽车）车型就是如此，遭遇了各路自媒体的抨击，"黑公关"的攻击就像滚雪球，越滚越大，其他人跟上就形成了负面舆论。

我的很多客户也遇到了"黑公关"的困扰，但是又如何呢？一个产品能挺过市场的风风雨雨，当它的传播声量铺天盖地的时候，它的实力早就不是其他同类产品能比的了。

"黑公关"的到来，反而给这些产品加了把旺火，让大家的目光都聚焦过来，讨论得更欢了。产品的优点、优势被大家看得一清二楚，那些"黑公关"的负面信息反而成了最好的燃料。

"黑公关"也暴露了市场竞争的残酷。那些试图用不正当手段打压竞争对手的企业,其实是因为自己心里没底,害怕竞争,害怕失败。有这种心态的企业,注定走不远。

面对"黑公关"时,别怕,把它当成一次高级助攻吧。

小众逆袭

那些曾经小众得不能再小众的,可以逆袭成为大众。

小众走向大众的两个分支——鸡汤化和段子化!

鸡汤化是超级大杀器。
像《知音》和《读者》这样的杂志,一直都是普通老百姓的最爱。简单来说,这类杂志的内容就是 20% 的道理配上 80% 的抒情,轻轻松松就能俘获主流女性群体的心。想象一下,那些温柔的文字,那些感人的故事,哪个女生能抵挡得住?

段子化是笑点制造机。
从相声到小品再到脱口秀,都是段子化的典型代表。这些段子,不仅能让人捧腹大笑,还能让人在笑声中思考人生。不过,要听懂这些哏,还是需要一点点智商的,所以基本上俘获的都是有文化的群体。

小众的内容要是走上工具化，那就真的是死路一条了，只能挣点企业服务的钱，就像我卖不了课程，是因为做企业服务的智慧已经跨越了鸡汤和段子，走到了格物的阶段，更偏重对原理和真理的探究。

小众要想逆袭成为大众、热门，还是得找准方向、找对方法。大部分电影收不回成本，纯粹的文艺片只是瞄准了国外电影节。这几年，热门的电影都是把老百姓的平凡生活变成了影像。

沈腾扮演一个失败的中年人，他要逆风翻盘成为车手，挑战最危险的巴音布鲁克赛道。贾玲对市场变化、行业动向非常敏感，对工业化体系的运用也很娴熟，因此连续出品了多部爆款电影。

小众在成功之前总会面临非议，只要熬过去，走向大众化之后，这一切都变成了"真香"。现在这个时代，给了普通人逆袭的机会，而逆袭的最佳方式，就是把自己变得值钱，把自己变成一个响亮的个人品牌。

制造舆论

如果一枚硬币只有一面,那它就是假币。

舆论的背后是无数情绪与欲望的交织。

第一,舆论是情绪主导的。
要看什么是舆论,就看看你的评论区吧。
看评论区真的太考验人了。越是理性的观点,越难以得到传播。以前很多大明星和企业创始人畅所欲言,后来因为受不了各种复杂的声音,干脆关闭评论区。而我就不关,因为"黑粉"的评论是我的素材,也是我心态成长养料的来源。

第二,舆论容易被利用。
舆论总是被那些狡猾的"操盘手"玩得团团转,所以我们经常看到流量经济下的"标签式大新闻"。大数据容易被操控,朋友圈就有很多借助舆论的"投票陷阱",如添加微信,发送宝宝照片或者孩子的才艺视频就可以参加投票获得一等奖,于是产生了花钱拉票的行为,这些人造影响力,完全是在考验家长的"钞能力"。

第三,舆论离真相很远。
舆论和真相之间的距离,就像地球到火星那么远。在情绪的驱使下,我们往往只看到表面,只听到片面之词,然后就自以为了解了全貌。因为舆论偏爱弱者,所以名人和普通人打官司时,无论结果如何,都是普通人赢了。

在这个流媒体时代,舆论的复杂性更是被放大了。大众只爱凑热闹,不关心过程和结局。

断章取义是大众舆论的本质。

矮化资本

对资本而言，流量可以买的时候就没有人去搞创作了。快意味着一切，标准化意味着一切，对个人品牌而言，就是你变成炮灰的开始。

买流量是风险最低的方式，因为搞创作是风险最高的方式。所以，那些大主播有了钱以后，都是通过资本的力量去购买流量，就把自己的创作放一边了，他们因此丧失了和粉丝沟通的能力。这也是卖货的主播特别"卷"的原因。

如果没有人搞创作，那么平台就会越来越危险。
平台靠什么留住人呢？难道靠那些直播间的热闹？平台的生态会靠那些矩阵号和切片号来维护吗？这时候，如果你用连续的创作方式，在大众的脑海中敲进去一个新形象、一个关键词，当人们对现实不满时，就会移情到新的"救世主"身上，当人们拥护你的时候，资本就会向你服软。

说到做短视频抓流量，很多人都会做，但是你能带走这个流量吗？不能。把个人做成品牌才是你唯一能从平台带走的东西。

想要做成个人品牌，有"三不要"。

第一，不要追热点。
因为热点的时髦是别人的时髦，你会变成热点的肥料，别人会踩着你的尸骨往上爬。

第二，不要犯懒。
要持续地创作，有些粉丝可能连自己的父母都不爱，怎么可能会爱你呢！当你无法为粉丝提供情绪价值和使用价值的时候，你很快就会被踢开。

第三，一定不要没有代表作。
如果你没有代表作，像有的演员说综艺节目是他的代表作一样，会显得很愚蠢。你能说直播是你的代表作吗？

总而言之，一个经典的形象、一个关键词和一个杰出的案例，是你要花一辈子去努力创造的东西。

阶级碰撞

"阶级碰撞"是流量背后的深刻博弈。这不仅是一场社会现象的描述,还是人性、欲望与选择的"搅屎棍"。
雨果奖获奖作品《北京折叠》为我们描绘了一幅生动的阶级碰撞画卷:即便世界再荒诞不经,人们仍旧在其中以看似严肃的态度生存。这部科幻小说不仅是对未来的预言,还是对当下社会阶层间矛盾的深刻洞察。

如今的社会,仿佛一张被撕裂的网,各种误解与不理解在其中交替上演。那些追求快速致富的人,往往因为缺乏资金而陷入焦虑。他们渴望"快进快出",生怕错过任何一个可能让他们一夜暴富的机会。这种心态催生了无数"如何迅速赚到100万"的流量标题,它们成为吸引眼球的利器,却也暴露了人们内心的浮躁与不安。

然而,对那些已经拥有一定财富的人来说,他们追求的是长期价值和稳定回报。他们深知金钱的力量,但也明白过度追求金钱可能带来的风险。因此,他们更加注重决策的正确性,害怕被后来者超越。这种心态使"跨越周期""稳健发展"等主题成为他们关注的焦点，他们渴望通过长期的投资和积累实现财富的长久增值和个人的持续发展。

这两种截然不同的观点，实际上反映了"如何活下来"与"如何活得更久"之间的根本矛盾。这不仅是个人选择的体现，也是两个不同阶级之间的博弈。在流量时代，我们可以刻意放大和凸显这种博弈。

你探寻真相的能力和表达力，已经成为超级主角背后不可或缺的一部分。只有深入了解不同阶级的需求和追求，你才能找到主角真正的价值所在。正如哲学家齐美尔所说的那样，金钱是通往最终价值的桥梁，但人不能栖居在桥上。在追求流量和关注度的过程中，我们必须在这个碰撞之上形成自己的上帝视角。

时尚权力

老板实力没那么强的时候，小弟们都会心怀鬼胎。

为了防止小弟们夺权，赵匡胤搞出了杯酒释兵权，而路易十四则开辟了一个新思路。

话说有一年，路易十四的财政部部长福凯膨胀得不行，邀请同事们参观他的庄园。路易十四一看，心想：好家伙，这比自己的房子还大，参观完了回家就要把福凯给处置了。然后，路易十四就修了一个比福凯的庄园更大的房子，叫作凡尔赛宫，接下来就是办了这些心怀诡计的大领主。

领主们权力大了，就很容易搞成地方势力割据的局面，就像鸟大了笼子会关不住。路易十四想了个办法，就是完全开放凡尔赛宫，把这些领主赶到一起，天天比谁更时尚。他们坐在一块儿没什么事干，就比谁的高跟鞋更高，比谁的丝袜更性感，比谁的帽子更漂亮。你看，这些领主一旦攀比起来，一旦享受起来，就沉迷了，翻着花样来比谁穿得牛。几年后，这些领主玩得纸醉金迷、不务正业，家底开始亏空了。

而路易十四呢？虽然每天洗澡、上厕所都有人观摩，像 24 小时直播，但他不在乎。后来，政权稳定了，法国还成了欧洲时尚中心。

用时尚把握了欧洲的意识形态，"凡尔赛"就成了显摆的代名词，路易十四不但成了装修界的扛把子，用时尚来削藩，还开辟了一种高明的政治手段。

顶级销售

销售这个职业,是能让你终身获利的"提款机"。

读书时,大家都觉得销售是一个特别糟糕的职业,特别不体面,令人没有安全感。现在再回头看,其实销售是个顶好的职业,非常锻炼人。

我做过老师、创意总监、导演、策划人、公司老板……这些职业的共同特点就是都要做销售,我必须打破"社恐",勇于推销自己的观点。

销售职业好在哪里呢?

第一,销售不容易被淘汰。

技术会更新换代,快得让人眼花缭乱,程序员、工程师们得不断学习新技术,Python 编程也许过几年就被淘汰了,"技术宅们"稍微松懈就可能被后浪拍在沙滩上。

但销售呢?这可是个"以不变应万变"的职业,核心就是懂人性、会沟通,这可是几百年都不会过时的技能。

第二,销售就像"市场的避雷针"。

销售靠直觉,技术大佬们靠理性。销售总是能第一时间嗅到客户的需求和市场的变化,相比之下,技术大佬们可能要通过数据分析来发现,太专注于技术细节,从而忽略了市场的真实温度。

第三,销售就是"万金油"。

老板缺了,销售上;财务缺了,销售上;设计缺了,销售也可以上,甚至有些销售人员比技术人员更懂技术。但是没了销售,谁也代替不了。

制造话题

如何在流媒体平台制造话题?

制造话题有以下几个诀窍。

第一,挑衅一下。

挑衅就是主动得罪一些人,不断地去激怒他们。其实我在《借势》中说得很明白,挑衅就是制造愤怒,当然前提是不能影响公序良俗。打假账号、测评账号就是用得罪一些人的思路去做流量的典型,这类账号是比较危险的,因为它们站在求真的道德制高点上。这碗饭其实是不好吃的,而且很容易砸饭碗。

第二,制造焦虑。

比如,因为人工智能的存在,就说做电影的人要失业了,做设计的人要失业了,这是典型的制造焦虑的传播手法。在焦虑的情况下,人们就会产生非理性思考,就会搜索,产生数据;就会询问,产生焦虑;就会乱做动作,而这些动作就是流量。很多人的现状不是理性思考的结果,而是乱做动作的结果。

第三，树立典型。

当你买了一套房子的时候，你就会拼命地夸这套房子好；当你买了某个品牌汽车的时候，你就会拼命地维护这个汽车的尊严；当你买了某只股票，你就会拼命搜集这只股票的有利信息；大部分买了课的人不会说自己被割了"韭菜"，因为那不就等于说自己傻了？这就有点偏向斯德哥尔摩综合征，患者都会通过主动分享、主动制造数据来刷存在感。

击中敏感

想要在下沉市场提高产品溢价，必须击中消费者的敏感词。
他们只信三个关键词：自然的、手工的、现摘现杀的。

自然的等于稀缺和尊贵，仿佛吃一口就能感受到大自然的馈赠，拥有超越工业养殖的野性之美。

手工的代表人们对劳动价值的朴素认可，就像匠人手里的雕刻刀，每一刀都充满情感和温度，手工赢得了很多同情分，哪怕精度不够、加工粗糙。他们对机器大生产这种看不见的劳动毫无感觉。

现摘的等于健康的，鱼和鸡都要现杀的。他们会认为包装精美的成品是收智商税，甚至怀疑它们是过期食品。

为啥下沉市场的消费者这么在意这些？因为他们在住房这个刚需上已经没有需求，他们没啥大的难关需要克服。而大城市的白领普遍背负数百万的房贷，能够吃上安全便宜的外卖，已经是一种幸福了。

想在下沉市场闯出一片天，就得适应熟人社会，直击他们的敏感点。

熙熙攘攘皆为利往,
得利之前名头要响。

出自己的名,
让别人做配角去吧

PART

8

导言

不要去追风,要让风来追你。
风声名声,声声入耳。

在中国人的内心深处,流传着一种古老而坚定的信念:"雁过留声,人过留名。"这是一种对生命的尊重,对成就的渴望,对永恒的追求。一个好的名声,就像一把锋利的剑,它不仅能斩断过去的束缚,还能开辟崭新的道路,改写一个人的人生剧本。

范仲淹,这位历史上的伟大文人,用他的笔书写了一篇《岳阳楼记》。他的文字如个个开刃,大道理讲得温和有力,正是这篇文章让岳阳楼从众多楼阁中实现"无痛传播",成为天下闻名的楼。岳阳楼因他而闻名,他因岳阳楼而永生。

画家黄养辉曾是徐悲鸿的得力助手,陪伴徐悲鸿度过了十九年的岁月。他深知徐悲鸿的内心世界里,那种对艺术的执着,对名声的渴望。徐悲鸿在20世纪40年代每天都会翻阅报纸,寻找自己的名字。若他的名字未在报纸上出现,他就会感到失落和沮丧,哪怕是被人批评几句,也能让他感到一丝满足。因为在他眼中,保持出镜率、关注度，是他继续前行的动力。

而我与BOBO，在广告领域的探索中也找到了自己的声音。我们拍摄出了几个成功的作品，名声随之而起。国内的互联网大厂纷纷向我们抛出橄榄枝，小米、腾讯、网易、BOSS直聘，这些名字成了我们合作的伙伴。我们不再是小镇青年，而是策划顶流。我们有了更大的话语权，可以更加自由地表达自己的创意和想法。这就是名声的力量。

出名的本质

如何才能在这个"网红"遍地的时代脱颖而出,成为那个让万人瞩目的焦点呢?

今天我就来向大家揭秘出名的本质。

首先,摒弃遥不可及的宏大目标。

许多年轻人一踏入社会就怀揣着成为亿万富翁的雄心壮志,但这样的目标往往过于遥远,容易让人在追求中遇到挫败。我建议大家先放下这些远大的抱负,从一份稳定的工作开始,确保自己的生活有稳定的保障,就像我初到北京时告诉自己首先要找到一份工作,不再依赖家人的资助。虽然我曾向母亲夸口一年要挣 10 万,但我内心深知,自己首先要在这个城市有个安身立命的地方。

其次,学会做一个"笨"人。

这里的"笨"并非贬义,而是指踏实和勤奋。我见过许多聪明人,他们学东西快,做什么都游刃有余。与他们相比,我自知不如,但我愿意下"笨功夫"。例如,在我刚开始涉足抖音平台时,我设定的目标非常简单：每条视频能获得 100 个点赞。然后，我逐步提高目标，先追求 500 个点赞，再是 1000 个点赞。这样的渐进式成长让我逐渐培养了对流量的敏感度。一旦掌握了流量的规律，你会发现获得数千甚至上万的点赞变得轻而易举，甚至偶尔还能打造出爆款视频。

我的创作原则是从不刻意追求爆款。因为当你对流量有了深入的理解和把握后，爆款自然会随之而来。

当我的粉丝数突破 10 万时，我兴奋地以为自己很快就能达到百万级别，然而现实并非如此，我花了大约一年的时间才达到这个里程碑。这证明成功并非一蹴而就，而是需要时间和耐心去积累。

最后，保持一颗像猪一样单纯的心。
很多人在追求成名的道路上过于复杂，总是想着如何变现，如何定位自己，如何塑造人设。但我认为，这些都不是最重要的。许多"网红"在成名之前并不懂得如何赚钱，他们是在成名后才逐渐接触到这些机会的。因此，我们应该保持一颗单纯的心，专注于做好自己的内容。当你吸引了越来越多的注意力时，你的价值自然会得到提升，就像地铁和热门商场一样，人流量大的地方自然更有商业价值。

抢位意识

当了一辈子配角,你就不想做主角吗?
记得我在四川参与拍摄的一部电影中,我们寻找的反一号,也就是电影《光荣的愤怒》中的熊老大,他来自山西省话剧院。这位演员有一个独特之处,那就是每当镜头对过去时,他总能巧妙地挤到镜头前,确保自己成为导演关注的焦点。这种"抢位"意识,正是演员的基本功之一,他们必须确保自己能在镜头前被看见。

同样,在构建个人品牌时,我们也需要学会"抢位"。你的声音、你的形象都应当被大众看见,让每一个瞬间成为你展现魅力的"高光时刻"。

神经科学领域的研究告诉我们,当大脑进行"看脸"行为时,会遵循整体识别的模式。这意味着,当我们看到一张脸时,大脑会迅速对其进行整体评估。在日常生活中,我们去菜市场买菜时,往往会选择那些熟悉的面孔,因为潜意识告诉我们,这些面孔代表可信赖和真诚。

对那些剧情号、图文号的文案创作者来说，即使文案写得再好，如果缺乏一张让人记住的面孔，那么你的才华和努力也将难以被大众认可。因此，我强烈建议你抓紧时间打造个人品牌，让自己成为那个真正的主角，让更多的人记住你，关注你，支持你。

大众熟人

做不了情人，做不了能人，最差你还可以做个大众熟人。

你要明白，人值不值钱，不在于他有多少才华。一个人的价值并不仅仅在于他的能力，还在于他的人脉关系，以及他在社会中的影响力。因此曝光频次非常关键。

曝光频次越高，这个人就越容易被人们熟知和记住。

中国是人情社会，你的第一类熟人是亲人，他们与我们有血缘关系，是我们最亲密的人。
第二类熟人是邻居，他们与我们生活在同一个社区，是我们日常生活中不可或缺的一部分。
第三类熟人是同事，他们是我们职业生涯中的重要伙伴。
第四类熟人就是社交媒体、网络渠道的这些自媒体"网红"。

亲人最能帮我们保守秘密，邻居最爱传闲话，同事很难和我们成为长期的朋友。

我们从小就找熟人办事，找熟人买东西，托熟人找工作，和熟人一起创业。最优秀的企业家都是最擅长自我曝光的人。你想想，自己都是从什么渠道知道他（她）当年是如何从底层一步步经过了不可思议的挑战最后成功的？

如果你没有优秀的面貌变成大众情人，也没有优秀的才华变成大众能人，那就请用你的勤奋变成大众熟人吧。

深刻检讨

站在镜头前，准备发布自己的第一条视频时，你是不是感觉心跳加速，四肢僵硬，不知所措？别慌，我教你一个办法——进行一次深刻的自我检讨！

你想想小时候在课堂上做检讨的时候，只要你自己不开心，全班同学都很开心。

你在班里做检讨，全班同学都会记住你；你面对全校做检讨，全校人都会记住你，你的名字会成为大家茶余饭后的谈资。

在自媒体上，你也可以用这种方式迅速打开话题，让大家记住你。

你记住，一定要深刻，眼泪鼻涕一把抓，越深刻，流量越大。
这不是真的要你去承认什么大错，而是找一个你曾经的小尴尬、小失败，或者是那些让你哭笑不得的瞬间。你详细描绘那个场景，让观众仿佛置身其中。你可以加点"料"，如夸张的表情、幽默的语调，甚至是抹泪、擦鼻涕，让观众感受到你的真诚和投入。

比如，"我是'80后'中混得最差的"，"我总是想站着把钱挣了，结果却发现，虽然能挣到一点钱，但跟那些'跪着'挣钱的人相比少多了"。这样的开场白既幽默又自嘲，能够迅速引起观众的共鸣和好奇。

人设定位

人设定位？你先考虑清楚在挣谁的钱吧。

你想在谁面前露脸，你就得变成他们喜欢的模样。就像你在家里得讨父母欢心，在公司得让老板满意，做自媒体时，那你也得找到你的"目标群体"，然后向他们展示你最好的一面。

如果你想挣学生的钱，那你就得学学张雪峰老师，把知识变成段子，让学习变得轻松有趣。学生们听你的课，不仅能学到知识，还能笑得前仰后合，那他们怎么可能不喜欢这样的你呢？

如果你想挣"丈母娘"的钱，你就要变成她们心中完美的"女婿模板"，那就得像董宇辉那样，温文尔雅、知书达理，让她们一看就心生欢喜。

如果你想挣文艺青年的钱，你就把对猫和狗的同情心卖给他。

如果你想挣"理科男"的钱,那你就得拿出点"科技达人"的气质,给他们分享最新的科技产品、最炫酷的装备。

你想缓解人的焦虑,你就卖给他们心灵鸡汤,化身为"心灵导师",用你的经历和故事给他们传递积极的生活态度和价值观。

如果你是一个贤惠的、做得一手好饭的妻子,你可以打动那些家庭不幸福的男人,让他们在你的视频里感受到家的温暖和幸福。

总之,人家凭什么到你的橱窗里下单?最终还是一物降一物。
有的人什么都不缺,就缺你这大耳刮子打醒他。

条件反射

人为什么会见钱眼开?

巴甫洛夫有个著名的实验:他每次给狗狗喂食前都摇个铃,摇啊摇啊,狗狗就知道了,铃一响,饭就来了。渐渐地,哪怕没有饭,但只要铃响,狗狗就哗哗地流口水啦。

人其实也是一样的,对钱的敏感,也是一种条件反射。一看见钱,大脑就"叮咚"一声:有好事来啦!

做内容也是这样,你涨粉的核心和关键,就是要持续稳定地给用户以标准的刺激,才会形成个人品牌,以后他只要看到你,就会想能从你这里得到什么。

只要你输出的内容和他的预期不一致,他就会离你而去。

很多大"网红"为什么在不停地掉粉?就是因为他们输出的内容已经逐渐地从利他变成了利己,就像那变质的食物,虽然看着还行,但味道已经不对了,粉丝看到内容已经没有条件反射了。

要想涨粉和不掉粉,就得持续地卖给粉丝想要的内容,保持那份利他的心。

甜过初恋

为什么人们这么爱看别人的初恋故事?

第一,人们有窥探欲,有围观欲。
就像人们小时候偷瞄邻居家的小秘密,虽然知道这样不礼貌,但就是忍不住自己的好奇心。

第二,人们对初恋有深刻的共鸣。
尤其是那些失败的初恋,它们像一部部悲伤的电影,虽然结局不尽如人意,但让人忍不住流泪。如果成功的初恋是一部庸俗的喜剧,那么失败的初恋一定是伟大的悲剧。

第三,情感是最大的流量池。
与那些经管类的内容相比,初恋故事更能吸引人的眼球!而且,初恋是全球通用的语言,无论你是哪里人,你都能在其中找到共鸣。当你分享自己的初恋故事时,一定会激起观众心中的层层涟漪。
所以,朋友们,七情六欲才是真正的流量密码。

勾魂"咒语"

想要成为一个火爆全网的个人品牌？
首先要写下一句非常惊人的"咒语"。

这"咒语"可不是一般的广告语，我认为广告语还是平庸的。一句好的咒语，它得有魔法般的魅力，能瞬间把人的心勾走。

就像我和BOBO写的"找工作，我要和老板谈""只做妈妈不做饭"，都叫"咒语"，简洁、有力，就像一把锋利的剑，直接刺入用户的心窝。

还有我给自己写的"咒语"，"千年一遇的广告鬼才"，"千年一遇"就是在强调稀缺性，几个字就讲出了我值钱的原因。

面对不同的人群，"咒语"也得有变化。比如，对那些刚入门的小老板，你得来点直接明了、简单粗暴的，如"带你赚钱"。**"咒语"其实就是你画给你的用户的一张饼，你的用户越初级，**

这饼就画得越实。

如果你的用户是解决了财富问题的中等老板,那么这句"咒语"就必须写得超脱,写得出世。国学的"按摩功能"这时就派上了用场,因为每一个比较成功的老板必然是千疮百孔的。修身齐家治国平天下,《道德经》《易经》里边的金句非常多,你尽管用,主打的就是信息差,击中的就是这些人上上不去、下下不来的那种无奈心态。

要是碰到无知人群,那你可得小心了。个人一旦成为一个群体的组成部分,他的认知水平便可能出现相当程度的下降。你的信徒越多,你的粉丝越多,你的"咒语"就越不能有具体的含义,这就是你们看不懂一些文章的原因。如果含义确切,就很容易遭到一些人的挑战,而且这些挑战对整个事情的发展毫无意义。

总之,"咒语"得下功夫琢磨,得有力量、有深度,还得能准确抓住目标人群的心理和需求。只有这样,你才能成为那个让人一听就停不下来的 IP,让人一直记在心里。

不可卖惨

想要出名，卖惨是不可以的。
但是你可以"借势"，把生活的困难变成你的励志故事。

生活已经够有挑战性了，何必再给自己添堵呢？
卖惨可是大忌，因为平台的眼睛雪亮，一旦发现，直接让你"熄火"。

在西方的文化里，卖惨也是行不通的。你看经典电影《海边的曼彻斯特》中，主人公的一生不够惨吗？孩子死了，工作也丢了，结果一无所有。他经历了人生的灰暗时刻，但是人家最后选择了与自己和解。

电影《杯酒人生》讲了一个人到中年又丑又没有能力的男人，经历一场葡萄酒的品鉴之旅，从渴望艳遇到找到了自己真正的人生意义，最后把对社会的失望变成了对自己的原谅。这不就是我们中年男人的写照吗？爱上了骑行，爱上了露营，爱上了越野，爱上了喝茶，和这些有什么区别？

所以卖惨的结局，要么你走向和解，要么你走向励志。

国内也有很多这样的例子。俞敏洪所在的教育培训行业前两年都完了，但是你看人家把桌椅板凳全捐了，这就不叫卖惨，这叫励志。罗永浩欠了债，人家卖惨了没有？人家直播带货，咬牙也要把这笔钱还上。刀郎被主流音乐圈打压，他卖惨了没有？他一句话都没有说。

人可以惨，但不能卖，卖惨只是钩子，别放得太大，毕竟和解和励志才是真正的刚需。

耐心养鱼

做品牌就像是在自家后院养鱼，得慢慢养，才能形成良性循环。

平台只是一个媒体、一个工具。中国人穷怕了，有些人看见别人钓着鱼了，第二天就有人来抓鱼、电鱼、炸鱼。矩阵号和切片号就像炸鱼一样，把鱼都吓跑了。这种不养鱼只抓鱼，涸泽而渔的搞法最终会把生态环境弄得混乱不堪，一大堆垃圾账号被淘汰是必然的。

很多头部博主在大量掉粉，为什么呢？因为他们的玩法太单一，只知道抓鱼，不知道养鱼。其实，要想在这个流水般的平台上立足，就得换个思路，得有耐心。

我有个邻居是电视剧的制片人，这几年他拍了四部戏，收益稳稳当当的。为什么？因为他懂好的创作者才能跨越周期。有些品牌已经在自媒体上完成了原始积累，并且走到了很广阔的领域，就像余华会因为没有电影院而饿死吗？人家一本《活着》的版税可以吃几十年，我出版的《借势》的版税也吃两年了，虽然不多，但就算"红制作"今天倒闭了，我后半辈子吃饭也不成问题。

比如，一名码农的目标是涨工资，从 2 万涨到 3 万，可这就真的够了吗？如果他的目标是创立团队，弄出一个知名的软件产品，那他收获的将是更强大的人脉，更丰富的资源和机会。
稻盛和夫说过，真正的赢家，都是长期主义者。

媒体是一个养成品牌、个人品牌的工具，挣钱宜放长量，你急功近利把它当成挣快钱的工具，它就把你变成炮灰。

书写前传

灵感枯竭了，看着镜头感觉无话可说了怎么办？

我发现很多"网红"遇到了这种创作瓶颈，这时他们选择硬着头皮更新，但内容干瘪瘪的，看得人心里难受。真的，没必要这样，没内容就暂时别更新了，给大家留点期待感不是更好吗？

我教你一个办法，很简单，就是做前传。

你们看过《星球大战》的前传吗？电影拍不下去的时候，他们就开始做前传，讲主人公小时候的故事、中学时候的经历，这一拍好几部就出来了。

前传里可以好好讲讲你的英雄为什么出发，他的初心是什么，他的成长经历是怎样的。这样一来，你的人设就更丰满了，粉丝们也能更深入地了解你。

这是一个简单到不能再简单的编剧办法，记住，一个没有前传的个人品牌的人设是单薄的。

你是一个民宿的主理人，你的前传中，你可能是一个深圳的百万年薪白领。

你是河北卖凉皮的老板，你的前传中，你可能是一个失业的程序员。

我父亲是公路局的技术员，他的前传中，他是一个汽车兵，驰骋在天山南北。

我是一个导演、策划人，我的前传中，我是一个没考上大学的笨小孩。

在农村大有作为

手机是"新农具",直播是"新农活",我们是新农民。流媒体是"新农村",到农村去,在那里大有作为。

你们发现没有,很多农村生活账号现在特别火,特别是女性。这些女性的形象为何成为流量密码呢?首先她们是浪漫的,这种形象在电影、文学作品中有很多描写。就像电影《红高粱》对田间地头故事的描写,展现了生命的活力。绝大部分从农村出来的男性抗拒不了这种题材的吸引力。

还有很多创业能人的账号也吸引了很多人。无论是手工活,还是传统的养鸡种植,帮助农民销售农产品等,这些直播间也勾起了大家对农村的情怀。在抖音、快手上,越来越多的年轻人选择留在家乡,通过短视频和直播带动村民增收致富。

短视频和直播不仅连接了农产品和市场,也参与了农业生产及价值创造过程,逐渐成为乡村振兴的"新农具"。数字助农已经成为乡村振兴的重要发展方向,很多优秀的账号已经成为乡村生活的记录者,区域特色文化、产品的展示者。

未来,"村字号"个人品牌,有望成为乡村发展的新质力量。

喜剧表达

为什么你的短视频流量总是上不去？别怀疑自己的知识库，可能是你缺了点喜剧表达的技巧。你们看看那些票房大卖的电影，哪部不是喜剧风格？沈腾、马丽为什么这么火？难道真的只是因为颜值吗？别闹了！

我教你们几句话，喜剧表达包含了三种最常用手法。

第一种手法，用最狠的词表最尽的态。
比如，你可以这么说："我强烈反对，我媳妇花钱大手大脚，但她居然只给我 200 块钱，这日子咋过呀？"看，这样一说，既表达了你的"强烈反对"，又显得你有点"尽"，观众一看就乐了。

第二种手法，言不由衷。
比如："我一个月 100 块钱就够花了。"哎，这话一听就知道是假的，但正是这种言不由衷的夸张，让观众觉得好玩。

第三种手法，借用经典做内容。

这里有个小技巧，叫"九浅一深"。

就是用九条内容稍微浅显点的作品来抓流量，但一定要有一条深入人心的作品，用来圈住"铁粉"。

记住，做流量的时候，思想一定要脱离轨迹，别总在别人走过的路上跑，因为一旦被限流，你就完了。你得让自己的思维小火车"出轨"，哪怕是有争议，自媒体们都会纷纷跑来吃瓜，流量自然就来了。

鸡的艺术

在数字时代的商业丛林中，流量就像一只肥美的鸡，每一个部位都蕴藏着独特的商业价值。

追求精准流量，就是那只鸡的大腿。
鸡屁股就是泛流量，虽不起眼，却也有用。

泛流量还有鸡脖子、鸡翅、鸡爪、鸡冠，它们可能来自不同的角落，但每一个部位都有其独特的口感，它们共同构成了一只完整的鸡，也就是我们的商业生态。

在追求精准流量的道路上，很多人容易陷入一个误区：只看重大腿的鲜美而忽视了其他部位。但是真相往往是你买鸡大腿的价钱已经包含鸡屁股了，只是你没有意识到。
广告界有一句堪称经典的名言："我明知道我的广告费有一半是浪费了，但是我从来不知道浪费的是哪一半。"

你想要更多的鸡大腿，意味着你得到了同样多的鸡屁股，这只鸡的毛色、品种就是品牌建设，不然你的鸡就卖不出好的价钱。

最强的那几个头部主播，就是按照这个逻辑，轻松地带动了很多滞销款。经销商赚到了钱，消化了库存，平台也得到了实惠，直播公司也赚了钱，简直是"四全齐美"。

搞笑能力

比利他思维更厉害的是搞笑能力。
搞笑能力是一种感受他人内心的高级能力。

想想沈腾,他一个微妙的表情就能赢过我 100 条精心制作的视频,得到更多的流量。
再看看郭德纲,他一张嘴,不管荤素,无论古今,知识博主都得退避三舍。

很多所谓知识博主、财经博主苦哈哈地工作,看着都让人难受,用一周写了一篇千字文,结果只得到了 250 个点赞,你说累不累啊?

我们必须认清,善于制造快乐的人才能获得关注和流量,因为大部分人只想肤浅地、快乐地度过一生。肤浅的快乐,在当今时代多么难得!一个大老板,偷偷骑着自行车,在年少走过的街头来了一场深夜的冒险;一个严肃的老人和他的老伴,看了一场让他们泪流满面的电影；没有爱情的老板娘，在努力地搞钱……

我们要认识一个真理，即"真没多少人在乎你，做个俗人吧"。善于制造快乐的人才是舞台上的主角，才会被封神。

我认识很多编剧，他们告诉我，正剧可以深沉，历史剧可以抄，最难写的其实是喜剧。现在的观众什么没见过？欣赏阈值越来越高了，你越试图搞笑，观众越不笑。能把非常庸俗的搞笑写得峰回路转，具有奇思妙想，令人拍案叫绝、笑得岔气，是要有两把刷子的。这样的人，全国都不多。

搞笑是需要感受力的。在某种程度上，搞笑能力是对缺点的自洽，对生活的和解，一件平庸的事，从他嘴里说出来都特别新鲜。厉害的喜剧演员，在大俗的表演之后一定能展现出大雅的内涵。就像周星驰的电影，看似是夸张搞笑的表演，实际上段位高出普通人太多，表面上是逗你开心，其实只是他放下身段，陪你尝生活的苦而已。

正视差距

别再瞎忙活了,你要知道怎么在个人品牌设计上和对手拉开差距!你苦哈哈地干了一夜,花了两天时间剪辑,说了一大堆的干货,结果只有 100 个点赞。你看我投篮球的视频都有 1 万多个点赞,抱孩子的视频也有 3000 多个点赞,都是干营销的,你知道差距在哪里吗?

你看看我是怎么做的。比如,主题是讲第一桶金的故事。
我给你一套"英雄之旅"模板,分三步走,轻松搞定。

第一步:离开之幕。
就像英雄踏上旅程,你得说说为什么离开。比如,你厌倦了小城市的碌碌无为,你厌倦了父母对你人生的控制,你讨厌小企业的尔虞我诈,等等。

第二步:启动之幕。
英雄来到了一个未知的世界,经历了重重冒险。那么你遇到了哪些"怪兽"？是资金短缺还是团队不合？或者是市场不认可？就像马斯克那样，火箭爆炸、投资人撤资，但他都扛过来了。

第三步：英雄归来之幕。
你终于成功了就是你赚的第一桶金，而这既有可能是你成功的起点，也有可能是坠入深渊的开始。

记住你的故事和情感，每一步都是你的英雄之旅。

钝刀杀猪

古希腊的苏格拉底说过,这个世界上有两种人:一种是快乐的猪,另一种是痛苦的人。做痛苦的人,不如做快乐的猪。

用钝刀子杀猪,屠夫和猪都很痛苦。

想象一下,屠夫手持一把钝刀子,试图宰杀一头猪。那场面,猪的叫声震天响,但刀子像在猪皮上跳舞,根本下不了手!屠夫累得满头大汗,猪也疼得嗷嗷叫,双方都痛苦得不行。

这种场景其实就发生在我们身边的内容传播里。那些垃圾内容,就像那把钝刀子,一次次试图刺破公众的心防,但每次都只是在观众心里划出一道浅浅的痕迹。因为内容太浅薄、太无趣,就像在猪皮上划来划去,根本达不到预期的效果。

一把锋利的刀子能轻松刺破猪皮,高质量的内容才能轻松吸引公众的注意力。

现在,传统的传播方式已经跟不上时代的步伐了。

你恋爱了,粉丝会失去你;你分手了,粉丝会疼惜你,你变成了情感博主。

我们要借助新的媒介和平台,有针对性地复盘,再把内容传播出去!只有这样,我们才能在这个竞争激烈的时代中脱颖而出,成为那个手握快刀的佼佼者!

昙花一现

出名不等于要做自媒体，做自媒体不等于出名。

大家千万不要把这两个概念搞混了。

出名是对你终身有利的事情，而自媒体是现在离你最近的一个工具。

想出名？不要问来不来得及，哪个平台火，你就去哪个。

为什么在微博出名的大V在短视频平台就不出名了呢？因为大V不等于出名，大V只是享受微博的先发红利，那和出名是两回事。

真正的出名，意味着你已经是一个尽人皆知的品牌了。

成熟品牌必须建立自己的三大法宝：识别系统、认知系统和价值观系统。没有这三个系统，你就是昙花一现。

比如识别系统，有人提起金枪大叔，你就想起一个白发老头的形象。

提到认知系统，你就想起我出过一本书《借势》，这就是我的代表作。

我给客户拍的那些广告根本不算我的作品，那是客户的作品。

再提到价值观系统,你就会想起我那句脍炙人口的金句——"品位是流量的敌人",名望才是持久的变现工具。

如果没有这三个系统,你在平台上就是炮灰,只能昙花一现。

当你不知不觉被规划了、
被规范了、被塑造了、被"拿捏"了、
意识到有边界了,
创作生涯就走到了尽头。

故事没人看，
事故人人赞。

事故
就是故事

PART

9

导言

心理学里有一个概念,叫"反事实思维",就是说思维活动对过去已发生的事实进行否定,进而建构一种新的可能性。

我在抖音上拍过一条视频叫《我的秀发更出众》,这条视频的播放量太高了,一直到今天,抖音还会偶尔将我这样一个糙汉子误判为"颜值博主"。如果由你来拍一个美女的洗发水广告,你可能也会拍得很美,但是肯定没人记得住,因为世界上早就有了上万条各种各样的洗发水广告,不缺你这一个。

一部电影里,主角再厉害,编剧也会想方设法让他翻一次车,翻车意味着出事了,观众的心就被揪起来了。

"看别人倒霉,是仅次于自己发财的最开心的事",在生活中,我发现大家更容易关注和记住负面信息,"好事不出门,坏事传千里",人的本质就是不管身处何地,都喜欢拿着手机聊点别人的八卦。因此,当发生"事故"时,人们更容易记住它,也更容易传播它。所以我和BOBO的创意方法——在某些项目上营造不协调,有意识地制造噪声,是有心理学上的依据的。

在短视频平台上,相关话题"金枪大叔是个策划界的好人"可能只有几千的浏览量,但是"金枪大叔人设崩塌"的浏览量就能超过8000万次,这一数字的背后,反映了公众对八卦的浓厚兴趣,更揭示了当下社交媒体传播机制的强大影响力。无数人谈一个"事故",对个人品牌的解构,其实就创造了一个新故事。

顺撇的故事没人看。在流媒体时代,如果开一家奶茶店,说"我是好喝的奶茶",那就没人来;如果说"我是最难喝的奶茶",那买的人只能排队等号了。

蚂蚁搬砖的故事没人看,败尽家财的故事有人为你默默垂泪,遇见贵人的故事太无聊,结果贵人是骗子,那就搬个小板凳听个八卦吧。

希区柯克的电影《后窗》深刻讲透了"事故就是故事"。

"我没读过什么书,但我可以告诉你,如果两个人一见钟情,他们就该'砰'的一声撞在一起,就像路上的两辆的士,而不是坐着,像标本一样彼此分析。"

你在成为主角的路上,是不是也准备了一些"事故锦囊"呢?

经济低迷

在经济低迷时，什么才是最好的商业模式？

经济形势不好怎么办？很多人"躺平"了，还有的人说我就是吃喝玩乐，啥也不投，这个想法是绝对错误的，甚至是危险的。

实际上，经济低迷往往孕育着巨大的机遇。正如某段水域在干涸后会露出之前隐藏的人类文明遗迹和令人惊叹的地质奇观，经济形势不佳时，也会暴露出平日里难以察觉的商机和资源。这些机遇对那些有准备的人来说，是一个难得的转折点。

在市场旺盛的时候，很多资源就会变得更贵。你需要付出更多的努力和成本才能获得所需的帮助或资源。比如，你去找商业大佬办事，哪怕都是一个村子出来的，此刻他忙着赚钱，哪有空搭理你？人家一天有无数个会议要参加，吃盒饭都只能在会议上边聊边吃。

在经济低迷时，情况就不同了，很多资源会变得更加容易获得，成本也会降低。例如，在短视频平台上，你可以用较小的成本与商业大佬互动，如在抖音上刷一个礼物"火箭"（约 666 元）就可以跟商业大佬连麦了。既然连麦了，大佬也不得不说几句真话，因为直播间里有成千上万的粉丝在看着呢！你想想，如果平时托了无数关系，邀请商业大佬吃顿饭，你得花多少钱？

经济不景气时，虽然你可能不赚钱，但你可以赚资源、赚信任、多读书、攒本事，等到经济形势好的时候，你就变成了一个有价值的标的，到时候你就值钱了。别等到"热钱"来的时候，你追悔莫及，没有东西可以卖，到那个时候你再揪着自己的大腿后悔有什么用呢？

总之，在经济低迷时，成为主角，让自己变得值钱，才是最好的商业模式。

放大钩子

为什么有些人总是玩不转营销？就是因为他们没有搞明白卖点和钩子。

卖点和钩子完全不同。

一个产品被开发出来以后，卖点就是你跟竞争对手的差异化。但是，在别人看到你的卖点之前，你的产品仿佛处于一个量子态——别人看不见它。

在卖点之前，你得先把钩子抛出去，就像一颗石子打破了平静的湖面，吸引顾客的注意力。

产品没有钩子，你的卖点就无人问津。

那么，如何找到这个钩子呢？有时候，卖点本身就是钩子。但更多时候，我们需要为卖点找到一个合适的理由，一个能让顾客心动的理由。

比如，我做过的蓝宝石脱毛仪广告案例，它的卖点是自身的属性，但它不是钩子，我必须为这个产品找到一个理由。你说它是蓝宝石的，女性用户听后是不会心动的，因为你没有钩子。蓝宝石是高级的象征，代表着高品质和优雅，这就是钩子。

每位女性，不论年龄、职业，都怀揣着对美好生活的向往与追求。在当今的社交媒体时代，女性们更热衷于展现一个更加优秀、更加高雅的自我。当你能够满足她们的这一需求时，你就找到了触动她们心灵的钩子。

对任何产品的营销来说，钩子才是一辈子要找到的东西，而不是卖点。

品牌故事

你想学广告？别急着去啃那些粗糙的广告学理论了。

其实你学好编剧就搞定了一大半。

广告人是品牌的导演，学会了编剧技巧，你就掌握了品牌叙事的故事走向，就懂得了如何在不同时刻，主角以什么形式登场。

讲好品牌故事，有三个核心要素：

要素一：要有对立面。

没有对立面的故事，那就不是故事；只有正面角色的故事，就是垃圾故事。对立面即负面，即反派角色的强大，才是品牌成长的催化剂，负面的巅峰就是品牌的巅峰。

想想看，小米、比亚迪、特斯拉这些品牌，哪个不是从质疑和挑战中走出来的？没有负面只有正面的品牌等于老化。

要素二：要个性独特。

悲剧即英雄，黑化即个性，个性即当代性，这也正是超级英雄的魅力所在，也是产品的魅力所在。拼多多的无条件退款，对价格敏感者来说是有个性，对预算充足者来说属于没底线。华为的民族情怀，苹果的创意基因，每一个都是独一无二的。记住，个性就意味着不可能面面俱到，面面俱到那是故事中的摇摆人，属于狐狸的角色，很不受欢迎，在现实社会中没有人会喜欢墙头草。

要素三：要有黑暗时刻。

没有黑暗时刻，英雄和他的团队就无法涅槃重生，因为死过一回才会真的变得强大。乔布斯的王者归来，雷军的逆袭之战，华为被美国制裁后的崛起，这些黑暗时刻都是品牌升华的关键步骤。马斯克就很善于制造这个黑暗时刻节点，太空探索技术公司每次火箭一炸，特斯拉就拔高一次。

田园牧歌式和心灵鸡汤式的品牌故事，也就是小打小闹，搞不成大品牌。

超级刚需

当代国人心智的三大超级刚需。

第一，基于竞争的显摆性需求。
一大部分人赚了钱就要显摆，因为市场只会奖励成功者，善于炫耀的人通过显摆增加了自己的竞争力，就这么奇怪，越显摆越有。

第二，从奖励他人到奖励自我。
新一代人抛弃了责任感这个沉甸甸的包袱，我们的父辈致力于先让别人过好日子，然后是让家人过好日子，最后是让自己过好日子。新一代人就不一样了，是"自己先爽了再说"，我都这么累了，让自己过点好日子不行吗？我不要延迟满足，我要及时满足。

第三，对价格敏感。
用户对价格不敏感听起来是个悖论，事实是奢侈品大多由价格敏感用户买单。新一代人虽然有四个老人要养，但是你想他们身后至少有两套房，而且活得很闲适。人无远虑，何来近忧？

赶紧转型

别再沉迷于过去的辉煌，再过三年，传统广告公司可能会完全倒闭。

这绝对不是在危言耸听，我分析了以下几点理由：

第一点，我们的客户变了。
第一批广告人和营销专家打的就是信息差，可现在呢？你那几本书，哪个客户没翻过？而且，客户在实操中掌握了比广告公司的营销人更多、更丰富的营销经验，他们根本不需要一家广告公司专门来服务他们。你看那些广告公司的PPT跟二十年前没有任何区别。

第二点，创意人才的结构发生了改变。
当一个创意人变成了"网红"自媒体，能够拿到更多利益的时候，他为什么还要去广告公司做文案、做创意总监呢？所以广告公司根本就不可能招到一流的人才。

第三点，自己就是渠道。

短视频公司现在火得一塌糊涂，自己解决了个人品牌、渠道、流量和销售的问题，一个产品进来，他们就能迅速地搞定包装、规划、传播矩阵，然后大卖特卖。我看到一个卖包菜的哥们儿，一个月卖几百万单不在话下。我在短视频平台带货一天就能卖出100万营业额，一家广告公司能办到吗？

所以广告公司被淘汰是历史的必然，因为传播工具的变化，让品牌的寿命变得非常短，迭代非常快。

大品牌在做全国战役的时候才需要非常杰出的内容创意公司来进行创作，一家只能写出"高端专业，遥遥领先，连续几年销售第一"的广告公司还有存在的必要吗？

那么传统广告公司的出路在哪里？
第一，如果有钱就做点投资，自己孵化几个品牌。
第二，多做个人品牌，全程参与到市场经济的建设中来。
第三，千万不要做"白手套"，不要做大品牌的"小金库"。

关键战役

在中国做生意别怕"卷","卷"就代表着有商机、有利润。

今麦郎的老板曾跟我说:"广告行业这么'卷',你还能从里面整出一个词'借势',搞出一本书,是相当不容易啊。"

我回应说:"我们广告行业还是很简单的,毕竟我们广告行业多数人是半桶水在晃荡的水平,真正的高手并不多,看起来'卷',其实竞争的水平不高,毕竟买卖没有这么大,你们这个卖水的行业才是最难的。一个'凉白开'的新品类搞了几十亿,这不得不让人佩服。"

这个事情就是告诉我们,在中国做买卖不要怕"卷","卷"说明这里边有利可图,就像美国人当年去西部淘金,那个地方没有金矿怎么去淘呢?中国的文字博大精深,每一个文字背后都隐藏着巨大的声音,还有非常多的关键词没有被占有,一个关键词背后就是一个大买卖,就看你有没有发现。

就比如做短视频自媒体。中国的个人品牌远远没有达到饱和的程度,而且短视频的"卷"是低水平的,很多人四十多岁了,想再上班也不可能了,想再创业也没有巨额资金,他们能干什么呀?做个人品牌是最好的选择,用自己的学识创建个人品牌,从里面抠出一块来就能养家糊口。其实,不光是养家糊口,闯出一片天地都有可能了。

焦虑商机

焦虑其实是你的财富密码。

你是不是经常听到有人说："哎呀，现在生意太难做了，找不到什么机会，身边都是伪刚需！"其实刚需和焦虑是一对孪生兄弟，你只要找到了焦虑，就代表有刚需，也就找到了生意机会。

有人质疑说："现在哪儿还有什么刚需啊？都是人们自己创造出来的需求！"那我来问你，原始人拉屁屁吗？擦屁股是不是用树枝或者石头？现代人为了解决擦屁股擦不干净的问题，发明了卫生纸，那卫生纸就变成了刚需。

那么古代的人刷牙吗？古代人可没有现在的牙刷和牙膏，他们是怎么刷牙的呢？没有牙刷，那么牙刷是不是刚需？如果你是古代人，刷牙不方便、刷不干净，你是不是也会想要一个更好的解决方案？于是，牙刷这个看似普通的小物件就成了刚需！

古代人没有容貌焦虑吗？他们和现代人一样,为了爱美,都会花钱。买口红这件事，从先秦时期就开始了。

世人慌慌张张，不过图碎银几两。
不要小看生活中的那些小焦虑、小烦恼，它们可能就是你的财富密码！

不要创业

我劝这七种人不要创业,因为他们会把家底赔光。

第一种是"妈宝男"。

强势妈妈弱势儿,你连自己都搞不定还想创业?不败家,就算你赢。

第二种是书呆子。

读了太多书的人,高度太高,容易缺氧,创业容易摔死。

第三种是"吃货"。

肚子容易饿的人,很容易得低血糖。肚子一饿就头晕,创业时哪有按时吃饭这回事?

第四种是老打工人。

打工超过十年的人,很容易被驯化。打工是承担有限责任,而创业是要承担无限责任的。

第五种是有迫害妄想症的人。

总担心被别人"割韭菜",怕这怕那导致寸步难行。创业就是一个身心双重受虐的过程。

第六种是人性小白。

如果你看不清人性的复杂,如果你无法感同身受,那就不要创业了,因为你没有办法笼络人心。

第七种是过早成名的人。

你在小学当过中队长的事情就不要拿出来反复说了,别总活在过去的荣耀里,创业是跑马拉松,不是玩百米冲刺!我认识一个摄影指导,他二十多岁就成名,是千万富翁了,但是后来玩废了。

创业这件事更像跑马拉松,也是终身被绑架了。你是跟着大哥干还是自己干,这都要想清楚。

事件营销

你想火就得做事件营销。而事件营销只需要做三招：

第一招是聚焦。
聚焦就是你得把自己的信息点做到极致，哪怕你的东西是借鉴的，也不重要，因为老百姓的记忆只有 7 秒，记不住那么多事。

第二招是放大。
你的定位再好，如果没人看到，那就等于零，所以你必须把自己的聚焦点放大，不仅是视觉上的放大。没钱的，用短视频放大，一周刷到你 3 次，一个月就是 12 次，我就不信你不记住我这张脸；有钱的，就在梯媒、户外媒介上放大，看到的人越多，你就越值钱。

第三招是重复。
没有重复的传播都是一次性流量，人们都有遗忘曲线，只有重复才能战胜遗忘曲线。只有把你的思想装进客户的脑袋，客户的钱才能进你的口袋。重复，就是让客户掏钱的动作从有意识变成无意识。

低端的钱

"高端"这种词,在发布会上说还合适吗?

你说高端,等于说自己高价,如手机销量一跌再跌,还谈什么高端?

"想要卖出更高的价格,获取更高的利润"这是一种内部战略,自己知道就行了,没必要挂在嘴边。

你看哪家厉害的公司会整天嚷嚷"我是高端公司"?

现在的消费者受教育结构发生了很大的变化。性价比用户一旦变成品牌用户,他们会更加狂热地追求品牌。

"高端"的本质是你的产品要足够有力量,能够代表一种生活方式、一种世界观。

想要实现高端定位,并非仅凭对用户的不屑或轻视就能达成。真正的高端,必须至少占有一个制高点,历史、文化、技术、设计、工艺,你怎么也得占一头。

有钱和有市场占有率都不能称为高端。你看那些卖水的首富、盖房子的首富,他们跟高端有关系吗?

国内的 500 强企业就没有一个是做高端的东西的，因为靠垄断获取的商业霸权不值得被尊重。"国产 = 低端"这个标签在二十年内可能很难改变。但没关系，未来高端产品只会出现在小而美的东西上。平台型思维就别琢磨高端了，踏踏实实地挣你那份"低端"钱吧。

毕竟，真正的智慧往往隐藏在这些看似不起眼的"低端"里。

小店秘籍

你们能想象那种顾客主动上门、生意兴隆的爽感吗?

我离开岳阳二十八年了,但每次回去,我都会去那家我熟悉得不能再熟悉的小店。想让顾客主动找上门,必须是名气最大的店,如吃烧烤要去哪家,吃鸭子要去哪家,吃鱼要去哪家,顾客第一时间就会想到。

加上当地老板的一些独特之处,这家店就更吸引人了。比如,做鸭头的老板是个胖子,卖酱板鸭的老板戴眼镜。

那么这些店主是如何一步步成为传奇的呢?

我总结了这些小店成功的原因:

第一,老板能够逆袭。

大多数老板出身底层,其共同特点是文化程度都不高。但凡他们有点文化,有点出路,绝对不会干这个。

第二，品类足够细分。

比如，专门做螺蛳的，专门做虾籽的，专门做鸡的，我从来没见过一个大而全的饭店能够做得很成功。

第三，有个好伴侣。

比如，有个温柔贤惠能干的、善于招呼的老板娘。没有这个老板娘，店主有很大概率成功不了。好的老板娘能让顾客产生一种安全感，有一种母性崇拜。

第四，有个"不争气"的儿子。

只有儿子不争气，父亲才会亲自上阵，这个店才干得好。一旦儿子接了班，这个店有很大概率就黄了。

危机即转机

危机即转机，这不是玄学。
天底下没有新鲜事，都是历史的重演。
在任何时候，看待世界都要有历史视角，站在现在看过去，站在未来看今天。

有一家著名的商贸公司在创业阶段搞多元化，这样是很赚钱，但是公司被投资人"逼宫"了。在投资人的压力下，这家商贸公司放弃了所有副业，全力投入地产行业，结果赶上了地产行业的爆发期。而当初搞多元化的其他同行，都被淹没在历史的旋涡里了。

想当年，我做广告导演，一门心思就想进 4A 广告公司，拿个戛纳广告节小金人奖之类的。好不容易接到个 6 万块钱的广告，我拍胶片拍到破产，还赔了 3 万多。那年春节，兜里空空，我只能借钱过年。

后来，我的好朋友赵斌搞了个"腔调广告"，专玩互联网视频，预算虽小但量大，一年多就混得风生水起了。我给他们拍了个感人的短片，为QQ空间做的微电影《让爱重现》也让里面的插曲火了，就是后来大红大紫的乐队"逃跑计划"的《夜空中最亮的星》。

就是这么巧，小米的创始人之一黎万强去看了腾讯的发布会，看完他直接哭了，回来就找我合作，要搞小米的"米粉节"。那时候，我母亲还在协和医院做化疗，小米公司一个电话过来，说有个微电影要拍，目标就是让观众哭，我说："这还不简单？但没时间啊。"他直接说："我去找你！"就这样，我拉着BOBO搞出了那部名作《100个梦想的赞助商》，小米的几位创始人看完都哭了。

在那个万众创业的沸腾年代，片子放完，台下鸦雀无声，只有无声抽泣。我们一炮而红，接着就是小米在春晚的重量级商业电视广告《我们的时代》。当时拍摄的时候，摄影指导李然说："哥们儿，知道吗？这片子放出去，你们就火了。"我说："不至于吧，就一广告片。"

后来，正如广告语所预言的那样，我们的时代真的来了。所以遇到重大危机别慌，因为转机在后头等着你呢。

"卷"不动了

为什么现在好多消费品企业都喊着"卷"不动了？

主要原因有以下几点：

第一，现在投流的企业太多了，就像你在火锅店排队，但前面已经有一大堆人在等了，你等得急不急？

第二，内容做得太差了，效率低得让人想砸手机，就像看了一晚上的电视剧，结果都是重复的剧情，很无聊。

第三，创作枯竭了。企业只能靠投流来制造一些漂亮的账面数据，但转化率低得可怜，就像你在网上看见个美女，结果见面后发现是个大叔，你失望不失望？

在做个人品牌和孵化个人品牌的四年实践中，我得出了三个结论：

第一，企业需要优质的内容杠杆来撬动市场。

第二，品牌需要有强大的个人品牌，就像你有个超级有魅力的朋友，人人都想认识他。

第三，传统媒体营销大师在流媒体时代集体失灵，真刀真枪上阵都涨不了粉丝，卖不动东西，便无法完成品牌的原始积累。

消费品企业们别再"卷"不动了，找对方法，才能让品牌飞得更高更远。

逆袭攻略

偏远地区的文旅资源想要搞好,首先当地的宣传部得把这个事当成一件头等大事来做,单靠一个景区的力量是远远不够的,不能东一榔头西一棒子的,各自为政,必须出一个五年计划。

第一招,文化"大咖"出动。
找一帮文化"大咖",创造一个文化地标,借势摄影展、游记、美食,出大量的测评文章和测评视频发到社交网络,只要有这些关键词的地方就一定有我们,营造出一个小众文旅城市比传统的旅游城市更牛的舆论氛围,提升搜索指数,最好能达到千万级的搜索量。

第二招,打造样板工程。
塑造传奇和民俗旅游的结合,以点带面,想方设法让你有资本打造一条独特文化的独特线路。抓住几个头部 KOL(关键意见领袖),一旦火了,当地就一分钱都不用花,其他"网红"都会来借势,就像"村超""村 BA"一样,大部分"网红"看见流量就像红了眼的公牛,流量就是利滚利、息滚息,滚起来后你自己都会害怕。

第三招，主流媒体展示。

哪儿高端就把文化宣传摆在哪儿，像各路主流媒体这种地方，亏钱也要摆上，因为他们解决了一个关键问题——"信任"，再让消费者看到、听到，然后各类短视频平台、公众号、视频号就会接住这股流量，滚雪球一般放大。

只要你做好了这三点，小众文旅会变成一个超级大 IP，这个大 IP 下会产生无数子品牌，赚钱就会变得非常简单。

门票模式

你们有没有想过，文旅景区靠收门票赚钱是一件非常原始且低端的想法和做法。

看看喀纳斯景区，旺季门票是 200 元左右，一年赚 5 亿元以上。青海湖那么大，面积有 4000 多平方公里，是日内瓦湖的 8 倍之大，但旅游收入才 3 亿元左右。而瑞士的日内瓦湖没有门票，但湖边布满了酒店和风景体验区，去那里玩，少说得住一周，不消费个十万八万，你根本走不了，它在割全世界有钱人的"韭菜"。就这样，日内瓦湖一年创造了少说几十亿美元的收入。

虽然日内瓦湖比喀纳斯、青海湖的景色差了不少，但人家属于二等景色卖出了一等景色的价，这就是会运营的魅力。而喀纳斯、青海湖的景色货真价实，但一等景色只能赚三等景色的钱。

同时，日内瓦湖靠一流的运营、稳定的投入，变成了一流的文化孵化器，不仅孵化了依云这些享誉世界的品牌，而且让湖边的商户赚得盆满钵满，也让全世界的有钱人趋之若鹜，形成了一个可持续发展的生态。

你要知道在八十年前，日内瓦湖还是一个受污染严重、脏乱差的内陆湖。

所以，文旅景区的赚钱之道，真的不只是收门票那么简单。

国内的文旅景区，一般越穷的地方，门票收得越贵，根本不考虑留客，更不考虑将来的复购。

实体买卖

实体店一定会越来越难。

首先，实体店越来越两极分化。
那些老头、老太太以前是会去逛超市的，但他们现在都不去了。他们通过刷 App、看视频、刷直播的方式购物，不仅可以买到便宜的东西，还可以做任务赚钱。尽管这些收益并不高，但对他们来说，这是一种新的生活方式和娱乐方式。

我一个朋友家里的老人，在 App 上刷单两年赚了 2000 多块钱，你们想想那些老头、老太太的流量是谁买的？

其次，人是容易随波逐流，有从众心理的。
小区的业主群或者广场舞大妈群里面有各种意见领袖，他们说哪个店卖的东西靠谱，谁家的餐厅难吃，哪所学校不行，哪家医院不灵，哪条旅行路线便宜，基本上决定了一座小城的经济生态。

最后，商业成本太高。
当风险来临的时候，实体店抵抗风险的能力特别差。商业实体的换手率太高，导致人人不敢投资。某大厂电商不就要全面退出实体零售了吗？它的线下生鲜店就关了很多。

所以，成为主角就是成本最低的创业模式，它能帮你抵御周期性的风险。无论你是小老板、小店主，还是作家、画家、音乐人，在低潮期内，你的东西卖不动，那不妨学学别人。一个人，一部手机，你就拍视频，疯狂输出。商业的真相就是一物降一物，茄子服米汤。人山人海中，总会有人喜欢你。

在关键的地方，
做关键的事，
才能成为关键的人。

关键的关键是关键

PART

10

导言

"关键"这个概念，在人类历史上太重要了。
斯蒂芬·茨威格的《人类群星闪耀时》就讲述了人类历史上14个决定历史的关键时刻：发现太平洋、千年帝国拜占庭的陷落、滑铁卢的一分钟……

在英语中，"关键"的对应词是"key"，这表明在不同语言中，它都是指事物中最重要的、起决定性作用的部分。

飞机被发明的那天，离地的时刻才是关键；你高考，拿到学校录取通知书的时刻才是关键；你和谈了两个月的对象牵手的那一刻才是关键；你跟猎头沟通了两个月，拿到入职通知书的时候才是关键；你决定创业的时候，银行卡里的数字才是关键……

没有关键节点，就没有我们今天所看到的人类历史。
说说改变人类的三个关键节点——认知革命、农业革命和科技革命。
首先说认知革命，这可是咱们智慧的起点。没有它，我们怎么积累经验，怎么传递知识呢？搞传播就像玩游戏，不断刷新认知、重塑语言。从竹简到印刷术，从文言文到白话文，从传统的单向传播到如今的节点式、去中心化的流媒体时代，每一步都是对认知的飞跃。

再来谈谈农业革命，它可是咱们吃饱肚子的关键。直到20世纪90年代，我们才真正解决了温饱问题。一颗好种子，就是农业生产的"超级芯片"，它解决了14亿人的吃饭问题。现在的粮食安全、乡村振兴，都离不开这个基础。创业、做IP，想为农业和乡村做贡献，那你得具备哪些关键因素呢？

最后说说科技革命，它让我们的生活变得如此便捷，随时有电可用，打开水龙头就有水，手机美颜功能让你秒变明星，足不出户就能探索外太空。但你别忘了，科技越发展，我们越发现"人类对最重要的问题其实毫无所知"。AI能帮你做账号吗？别天真了，真正的智慧还得靠我们自己。

有人一顿饭得啃6个馒头，吃到第6个才觉得肚子圆了，但他非但不感激给他做馒头的父母，反倒埋怨他们为什么不直接给自己第6个馒头。这真是让人哭笑不得。但说实话，第1个馒头才是填饱肚子的关键啊。很多事，从0到1那才是真的牛！

对很多行业来说，占有关键词，是最关键的。
在电影圈，张艺谋是视觉的王者，陈思诚是产品的翘楚，郭帆是科幻的巨头……一提起无人机,大家立刻想到大疆;一说到投资,巴菲特就是金字招牌;种草?那必须是小红书的天下。

人工智能的关键词是算力,数据安全的关键词是信任,文化的关键词是话语权,传播的关键词是流量,游戏的关键词是快乐,颜值的关键词是虚荣。

"关键",有时候不仅指一个时间节点、一件事,它还能代表一个领域。

看华为,无论是通信设备、智能终端,还是云服务,它都把握了"关键领域"的话语权。

所以,你得认清哪个是自己的"关键",才能抓住机会,逆袭人生!

只要是平台,就有搜索入口,只要你抓住它,竞争对手都得靠边站。以打造 IP 为例,关键词的排名就是曝光率的秘密武器。

我曾经占有过好几个关键词,靠金枪鱼出名,我就成了抖音的"钓鱼博主";旅行开房车,我变成了"汽车博主";因为有过很多惊人的广告案例,我被称作"广告鬼才"。

如今,我出版过的《借势》也成了图书营销领域的关键词。

人生的关键,在于你的选择。

你的小学同学成了歌手,你邻居的妹妹成了教师,你多年前认识的小老板把企业搞上市了,你还在抱怨外卖涨价?其实每个人的命运，都是由自己大大小小的选择编织而成的。

你准备好成为这个时代的"关键先生"了吗？

别犹豫，跟我一起勇敢地踏上这场逆袭之旅吧！

三次奖励

很多人是卡在第一步动弹不得。
其实，老天爷给每一个人准备了三个奖励。

第一个，就是你融入规则之后的奖励。
融入规则，就代表你要服从规则，如进入体制内，进入一家公司，起码有份工打，有碗饭吃。你听大哥的话，听老板的话，别捣乱，安稳地过一辈子是没问题的。很多人这一辈子就卡在第一步，动弹不得。

第二个，就是你掌握规则之后的奖励。
如果你的脑子稍微灵活一点，那么你就可以熟练地掌握规则，变成一个高级打工人，或者说一个主管，这辈子基本上是衣食无忧了，但也是人家赏给你饭吃。最肥的肉、最嫩的芽、最好的对象都被别人拿走了，分给你的没那么好，但也够了。如果你想要泼天的富贵，那么你就要颠覆规则。

第三个，就是你颠覆规则之后的奖励。

从古到今颠覆规则的人多了，他们获得了最大的收益，也承担了最大的风险。你有这个能耐承担这个风险吗？当然，也有一些人有可以打破规则的天赋，但很遗憾，那个人不是你。

如果你看清人生的每一个步骤，不断积累你的流量和影响力，这就是成本最低的颠覆规则的方式。

三次借势

我跟一个老邻居吃饭,他们有个孩子才二十岁,他们不知道孩子将来该怎么办。

我说,要是我回到二十岁,我会这么玩。

第一次,借势大城市。

第一件事,我一定会离开家乡去个大城市,因为年轻人对未来最重要的判断就是去看"天花板"。你在一个小地方,如我的老家岳阳,一年挣 1 亿,就已经是"天花板"了,而你在北上广拥有 1 亿都没人在意,你在北上广挣 1000 万更算不上什么,但是你拥有 1000 万再回到岳阳这个地方,完全就是降维打击了。所以说第一次借势就要向大城市借。

第二次,借势大哥。

到了大城市要找一份工作,其实是什么工作无所谓,因为不管哪个行业都有能人,这个能人就是所谓好大哥。没有不行的行业,只有不行的大哥。你看中了一个好大哥,你跟着他就行了,你也不需要为他挡子弹，你只要把他交代的事情200%地完成，然后别给他找事，另外让他少操心，你就跑赢90%的人了，你就是留下来的那一个，剩下的交给时间，再努力个五年、十年，你基本上就能熬出来了。

第三次，借势客户。

你在三十多岁的时候遇到了一个好客户，遇到了好的合伙人，有一定的资源以后，可以尝试创业，做一家很小的公司，开始分包一些业务，从大哥手里接一点他不接的活，很快你就能熬出来了。你把口碑做好，人家给你10万块钱，你少赚一些，如别赚8万块钱，赚个2万块钱就行。10万块钱的活，你花8万块钱来做的话，那这活的质量肯定不次了，等你做了10个10万块钱的活，你就可以接一个50万块钱的活了，那你就慢慢地熬出来了。

三次进化

互联网时代三次重大的财富转移,你抓住机会了吗?

第一次,是人找信息。
比如百度这些搜索引擎就赚到钱了。传统电商也是搭上了搜索的顺风车。用户搜索后,商品弹出,电商平台的运营就会收过路费。

第二次,是信息找人。
所有的信息数据如洪水猛兽般往你眼前冲,那么信息找你的背后推手是谁?他决定给你推多少就推多少,他想推给谁就推给谁。拧水龙头的人一定是最赚钱的。

第三次,是人造信息。
人造信息是什么?就是人工智能,就是你通过对话框很精确地找到你需要的信息,让世界上最聪明的大脑为你所用。那么你最大的机会就是变成一团 3D 的数据,让人工智能来认识你。如果未来人工智能不认识你,你在未来就是 nobody(无足轻重的人)。

三长两短

现在年轻人就业得讲究个"三长两短"法则。

先说需要具备哪"三长"。

第一，寿命长。

这年头，终身就业才是硬道理。看日本的老头八十岁时还在开出租车，新加坡的老头七十岁时还在搞保洁，因为你只要停止劳动，收入就会归零。我就打算干到八十岁，你们也别闲着。

第二，技能长。

技能永远是硬通货。就像自媒体这样看似简单的职业，都得会写稿，拍摄，剪辑，配音乐。高科技领域的技能更加需要多学科的"技术杂交"。只有一个本事，你很快就会失业。如果你到四十岁了还在送外卖，那时候你的体力比得过年轻人吗？

第三，眼光长。

别急着跟风，什么热门就干什么。你看卖扫帚的变成全国第一就是非常牛的，像区块链、元宇宙都是热一波就走了，人家割的就是你的"韭菜"，所以眼光得放长远，别急于求成。

那么，"两短"是什么呢？

第一，手短。
别拿自己不应该拿的，因为迟早会被人一锅端走。

第二，腿短。
腿短就得勤快。梅西就是腿短，但他动作变化多，持续迭代才能进步快，不容易受伤。

腿长出懒人，总想一步到位，往往会走一大步掉沟里。

民族自信

一定要相信人是攀比的动物,如何实现民族自信呢?就是什么都比人强一点,自信就来了。

记得 2015 年,我在美国和加拿大边境旅游的时候,一个华裔司机开一辆讴歌(日本汽车品牌),看着我们酸不溜丢地说:"哟,现在中国人也出来旅游了呀?"我淡定一笑说:"嘿,那不是很正常吗?"

其实各方面领先那么一点点,自信就有了;各方面都强很多,自信就爆棚了。人不能一口吃 8 个饼,自信还得一点点建立。

挣人民币、花欧元,在人家设计的游戏规则下玩,咱们在起跑线上就吃亏了。人家抢跑了 700 米,再跑 100 米就赢了,咱们呢?要跑 800 米才能追上。但是,眼看就要追上的时候,人家又把终点线往前挪了 100 米。

所以说中华民族是个伟大的民族,所有不利条件都碰上了,但中华人民共和国成立后,只用了不到七十年,就过上了美国发展了两百年的日子。只要咱们再加把劲,距离他们的终点线就很近了。

所以,不要怕人往外跑,家里强了,他自然就回来了。

创造学派

你是不是觉得要创造一个学派难如登天？

其实没那么复杂，编造一套话语体系，控制用户心智，只需要七个关键词，你就能创造一个学派。

比如，发心、宽恕、感恩、陪练、天使、觉醒、圆满。你能熟练运用这些词后，就能构建出一套独特的话语体系，你分享的内容都是给他们带来好处的，这样他们自然就变成了你的忠实粉丝，也就是你的"托"。就这样，一传十，十传百，百传千，千传万，你的影响力就像滚雪球一样，越滚越大。运气好的话，你甚至能组建一个庞大的组织，引领一个潮流。

那要是想打造一个知识博主呢？其实道理也一样简单，你只需要把"认知、逻辑、战略、矩阵、红利、模型、赚钱"这七个词串起来，就能构建出一套知识体系，让你的粉丝欲罢不能。

说到这里，不得不提一下"诗仙"李白。他的宏大叙事派诗歌，其实也就是七个关键词：三个数字"九、千、万"（如九州、千里、万重山），再加上四个宇宙级意象"日、月、江、银河"。看看，就是这些简单的元素，组合成了那些流传千古的佳作。

让你的学派之路越走越宽的七个关键词，你学会了吗？

发行"货币"

你知道吗,在业界,当一个人提起你,两个人提起你,三个人提起你时,你就开始值钱了。

你的名字,就是你的"货币",你的价值取决于你能被多少人记住。

我有一个民企老板朋友,他指着自己价值 30 亿的生产线得意扬扬地说:"看,这不仅是生产线,这可是我的'印钞机'!"机器有很多,但是印钞机很少,为何这个民企老板说自己的生产线是印钞机呢?那是因为他有一个年销售额为 50 亿元的品牌。

同样的道理,一瓶酱香的酒,是高端待客之道;阿那亚的房,是中产生活的象征;各种名牌包包,是精致生活的体现。它们的名字,每天出现一次,就是印一次钞票。

行业变革

既得利益者不会开放标准，只会制定标准。

法国新浪潮电影是电影时代的小电影，是反好莱坞的；短视频是视频时代的小视频，是反电视的。

电影器材的小型化和多元化造就了新浪潮，手机拍摄和剪辑的模板化造就了短视频平台。

每一种变革都要自下而上才能成功。

综观历史上的变革，可不是那些手握大权的大佬说了算。他们忙着巩固自己的地位，哪会轻易放权呢？真正的变革，总是从社会的底层，从咱们这些渴望改变、有创新精神的小伙伴身上爆发的。

想当年，电影界的好莱坞大佬们手握标准，一统江湖。但就在这时，新浪潮电影来了，它主张电影器材要轻便、要多元，让电影制作不再那么高不可攀。这些低成本、小制作的电影，因其独特的风格和内涵，赢得了观众的心，这些小电影不停地赋予大型商业制作灵感，逼迫套路化的商业电影不断革新。

新浪潮电影就像一股清流,冲破了传统电影的束缚,让电影艺术变得更加多元、更加真实。

现在到短视频时代了。电视台也曾经是风云行业,但智能手机的出现和移动互联网的普及,让短视频异军突起。短视频短小精悍、内容丰富,靠手机一拍一剪就能搞定,从根上颠覆了电视行业。

从新浪潮电影到短视频的崛起,二者皆为自下而上的变革。

艺术是金

没有艺术家,这个世界只是一堆难看的零件。

记得有一次我去后期公司盯片,公司老板特别兴奋地跟我讲,他买了两套顶级工作站,还有超牛的 3D 和后期软件,招了个年轻人,说特别会用 Maya(三维动画软件)和 dFusion(后期特效合成平台)。这两款软件非常高级,改变了以时间轴和层编辑的逻辑,以节点式逻辑来操作。那会儿电脑工作站的特效编辑不能超过 10 层,多的话电脑带不动,但可以做几百个编辑节点,这样大大提高了效率。另外一台电脑还单独配了达芬奇调色软件。老板红光满面,浑身透露着一种大大提高了生产力,就要发财的兴奋劲。老板最大的业务是拍电视购物节目,也是我最大的客户,那会儿的橡果网易拍、波塔波替移动马桶、安耐驰润滑油等火爆中华大地的电视购物大单品,都是本人的作品。现在的直播脚本,本质上跟电视购物差不多。

结果,这个操作高级工作站的年轻人给我调色时,我说为什么你的所有画面都呈现一种怪怪的紫色，得把画面里的紫色减淡一些。他觉得画面不紫，还说这不是绿色的吗。我想完了，这家伙可能是色盲。我就拿出一个紫色和一个绿色的色块给他看，他说这两者没有什么区别，我说行。后来我再也没有跟这个老板合作过。

老板砸了大钱买工具，却舍不得投资最关键的人，找个入门级的小白来操作，还指望我来培训他，真是销售出身的老板，算盘打得啪啪响。

想想 ChatGPT（一款聊天机器人程序）不也是这么回事吗？人工智能这么高度发达的工具，交给文盲、色盲、美盲、认知盲来操作，照样搞不出来优秀的作品。

好的世界需要技术天才制作出好用的工具，而艺术家用这个工具给这个世界穿上漂亮的衣服。没有艺术家，这个世界只是一堆难看的零件。

创作洁癖

那些真正杰出的创意人才，身上都有一种特别的"创作洁癖"。

就像当年的米开朗琪罗，当教皇把西斯廷教堂那 500 多平方米的天顶壁画交给他时，按照常规，他完全可以当个包工头，先画个草图，然后让徒弟们去执行，最后花半年搞定，拿钱走人。

但这位文艺复兴时期的巨匠可不这么想。他亲自上阵，从刮腻子开始到最后使用鸡蛋做坦培拉上色，一个人整整干了三年，把脖子都累歪了。在同行眼里，他可能是个小气鬼，是个抠门的傻子，但这就是他与众不同的地方。

其实，这就是创作人格和商业人格的区别。商业人格的快乐在于数钞票，但创作人格的快乐在于作品带给他们的那种技巧和张力上的碾压感。这两种人格都没有错，但境界的高低决定了谁能名垂青史。

就像米开朗琪罗的老师也是个艺术类的包工头，画得也很好，但在作品的极致程度上,他就比米开朗琪罗差那么一点点。这一点点,就是境界的差距,也是他们能否名垂青史的关键。

亲手把控每一个细节,才能在每一个细节上留下自己的味道,形成无法超越的个人魅力。

不做库存

拒绝库存，做自己的"畅销货"！
这个时代最大的悲剧就是把自己变成"库存人生"，被人遗忘在仓库的角落里。
我们都不是天赋异禀的天才，天才都已经另辟蹊径了，我们顶了天算是人才，现在还是人才过剩、产品过剩的时代，如何把自己打造成一款"畅销货"，才是我们应该思考的问题。

在这个社会，营销自己比营销产品更难。
著名演员张颂文的演技够好了吧？毕业后曾经被剧组拒绝几百次，人家嫌他长相一般，不配当演员；周润发曾经被人嘲笑是一辈子买不起劳斯莱斯的洗车工；乔丹曾经在中学篮球队的选拔中落选，甚至被体育老师看不起。

我经历过类似的事情，我初来北京帮师弟搞创业，我们必须推销自己。那时候，师弟的展览公司快揭不开锅了，好在天无绝人之路，有家日本电器公司要办展销会，需要找一家北京的展览公司承接。

他们特别喜欢师弟的设计图，就差最后一步——等日本公司来考察了。

我因为长得显老，就被拉去充场面，被紧急任命为"总经理"，师弟成为设计总监。我们的公司在太阳宫的一所小房子里，跟街头的打印社差不多。那天，电器公司的日本老头过来转悠了一圈，看了师弟历年来的设计图和案例，还有我们那热忱的眼神，什么话也没说就走了。我们以为这事肯定黄了，结果第二天，对方通知我们去签合同，项目就这么到手了。

生活比任何剧本都有挑战性。正因为难，才显得有价值。别人不敢推销自己，你咬牙上了，你就比别人强。

现在跟以前不一样了，早已不是信息不对称的年代了。
想要成功将自己"卖"出去，你需要量化自己的数据，得会讲3秒就能吸引人的故事，还需要在不同的平台呈现。朋友圈不行就视频号，视频号不行就抖音，抖音不行就小红书，总会有一个平台被人看见。平台就是英雄的马，哪匹趁手骑哪匹。

**别人都在努力升级，努力变成市场上的"畅销货"，而你还在原地打转，就如同一个被人遗忘的"古董"。
人工智能时代的到来，产品是0，营销才是1。**

信息密度

文字是穿透历史的核武器，一句话，气象万千。
我是学美术出道的，做过艺术家的梦，对画面的营造充满了无限的感情。但是经过这么多年的实践，我发现在传播中，画面一点用都没有，中国上下五千年，最后被人记得的只有文字和金句，画面是为广告语服务的。

文字具有无可比拟的信息密度，它可以用最小的存储量，实现最大的信息传输效率。比如，当你读到"人之初，性本善"这 6 个字时，文字就像一颗种子，在你的心中生根发芽，引发出你对人性、道德和伦理的深思。

当你读到"窈窕淑女，君子好逑"这 8 个字时，虽然简短，但是解压出来，它们就是一部关于人类爱情和繁衍的历史长卷。

孔子说"有朋自远方来，不亦乐乎"，李白说"轻舟已过万重山"，郭德纲说相声，也是把场景压缩到了极致。

一句漂亮话，胜过英伟达25万个GPU（图形处理器）做出来的AI视频。

文字之所以大于视觉，不仅是因为一个字节的存储成本远远低于一张图的存储成本，还因为文字是千百年来人们心智凝练的结果。好的句子已经压缩得不能再压缩了，它压缩后就是宇宙，可以跨越漫长的岁月，影响一代又一代人。

所以，我对好的小说和诗歌充满敬意，那些文字经过千锤百炼，每个段落都是有信息量的。而很多冗长的作品，你中途翻阅十几页，发现叙事根本没有推进，讲的还是刚才那些东西。一些作品就是吃准了读者的敬畏心，把简单的东西复杂化，把复杂的东西学术化，把学术的东西意向化。

在短视频时代，每个传播力强的段子，都是一个简短而冲突激烈的故事。

写好文字，是一种技术，就跟灌溉和修路一样，熟练后人人都能上手，利用它为自己服务，但是写出能在全国传播的故事，确实需要天赋。

有副作用

知识、金钱和名望一旦多了,都有副作用。

知识多了,耳朵就聋了。
你手握万卷书,脑袋里装满了各种知识,但突然有一天,你发现自己好像听不进别人的意见了。为什么?因为你知道得太多,别人的话在你心里都显得那么"小儿科"。这就像你戴上了一副"知识耳塞",别人的声音再也进不来了。

金钱多了,眼睛就瞎了。
钱多了,生活确实能变得更好。但你有没有发现,当你手握大把钞票时,那些贫穷、困难的人好像离你越来越远了?你开始看不见他们的疾苦,甚至可能觉得"这就是命"。金钱,就像一个"金钱眼罩",让你失去了同情心和怜悯之心。

名望多了,嘴巴就哑了。
终于有一天,你成了大家口中的"大人物",走到哪里都有人追捧。

但奇怪的是,你发现自己越来越不敢说话了。为什么？因为你知道,你说的每一句话都可能被放大、被解读,甚至可能引发一场风波。于是,你开始变得小心翼翼,甚至有时候宁愿选择沉默。名望,就像一把"名望锁",让你失去了畅所欲言的勇气。

永不遗忘

人生最大的遗憾就是被遗忘，被人遗忘才是真正的死亡。

记得电影《寻梦环游记》里有这么一句话："在爱的记忆消失前，请记住我。"
当你的名字被忘记的时候，你就从这个世界真正地消失了。
潮汕的男人一旦有了钱，都喜欢多生几个孩子。因为孩子多了，记忆就有备份，家业就有了传承，这是他们客家人基因里对抗千百年来迁徙环境的一种方式。对男人来说，没有什么比被记住、被传颂更有成就感的事情了。

艺术家们也是这样。他们用尽一生的心血，创作出那么多震撼人心的作品，不仅是为了个人艺术成就被承认，还是想让世界记住他们曾经存在于这个世界。

而那些成功的商人留下的不仅是金钱，还是一个个响亮的品牌，甚至把自己的名字，通过社会捐献和大型桥梁、博物馆、大学联系起来,这些行为就是他们做的记忆备份,让后人永远谈论他们的名字和故事。

肉体会消亡,但你的名字可以永生。

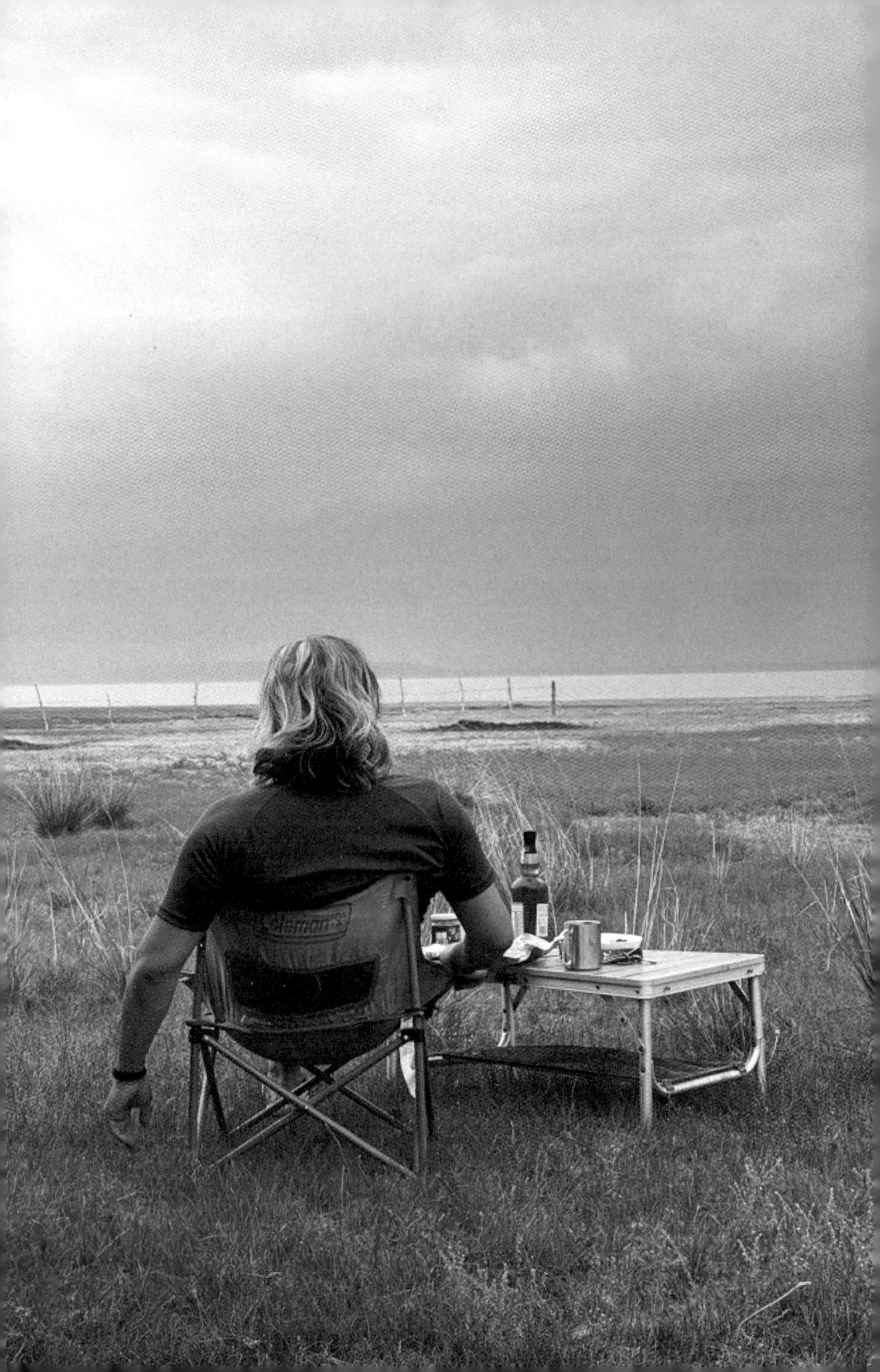

一部电影一共 120 分钟，

对成功的描写，不会超过 5 分钟，

110 分钟里都是主角在失败，在妥协，在抗争命运，

还有 5 分钟在打酱油，

你的不顺利、不快乐、不幸福都是成就主角的一部分。

全文完

© 中南博集天卷文化传媒有限公司。本书版权受法律保护。未经权利人许可，任何人不得以任何方式使用本书包括正文、插图、封面、版式等任何部分内容，违者将受到法律制裁。

图书在版编目（CIP）数据

主角 / 金枪大叔著. -- 长沙：湖南文艺出版社，2024.11. -- ISBN 978-7-5726-2137-6

Ⅰ. F713.365.2

中国国家版本馆CIP数据核字第202469S9U3号

上架建议：管理·市场营销

ZHUJUE
主角

著　　者：金枪大叔
出 版 人：陈新文
责任编辑：刘诗哲
监　　制：张微微
策划编辑：阿　梨
特约编辑：紫　盈
营销编辑：霍　静　王　睿
书籍设计：苏　艾
出　　版：湖南文艺出版社
　　　　　（长沙市雨花区东二环一段 508 号　邮编：410014）
网　　址：www.hnwy.net
印　　刷：北京嘉业印刷厂
经　　销：新华书店
开　　本：875 mm × 1230 mm　1/32
字　　数：237千字
印　　张：11
版　　次：2024 年 11月第 1 版
印　　次：2024 年 11月第 1 次印刷
书　　号：ISBN 978-7-5726-2137-6
定　　价：88.00 元

若有质量问题，请致电质量监督电话：010-59096394
团购电话：010-59320018

全米

监　　制：七　月
产品经理：闫丹丹
营销支持：王琪媛
特约编辑：张　艳　郭明亮
封面设计：SUA DESIGN
版式设计：飞鱼时光

博集天卷 CS-BOOKY

监　　制：张微微
策划编辑：阿　梨
特约编辑：紫　盈
营销编辑：霍　静　王　睿

扫码进入
《主角》读书会

更多免费赠书
更多精彩福利
扫码喜提！

欲知新书信息、交流投稿、邮购团购
请发邮件至：jiaoliu@booky.com.cn
博集天卷微博：http://t.sina.com.cn/booky
天猫中南博集天卷官方旗舰店：http://znbjtj.tmall.com